KB246403

이야기꾼

디바지모

Lies to Live By
by Lois Beardslee

Copyright ⓒ 2003 by Lois Beardslee
All rights reserved.

Korean translation copyright ⓒ 2005 by Jang Lak Publishing House
Korean translation rights arranged with Michigan State University Press.

이 책의 한국어판 저작권은 Michigan State University Press와 독점계약한 도서출판 장락이 소유합니다.
신저작권법에 의해 한국 내에서 보호받는 저작물이므로 무단전재와 복제를 금합니다.

이야기꾼 디바지모

로이스 비어즐리 지음 / 손영희 옮김

도서출판 장락

우리 삶에 적용되는 전통

저녁 한때 세 명의 십대 소녀에게 즐거움을 선사했던 생강과자로 만든 집이 시간이 지나자 텅 빈 부엌 조리대 위에 풀죽은 모습으로 놓여 있다. 그래도 알록달록 환상적이고 앙증맞은 모습은 여전히 아이들의 손길을 유혹했다. 지붕에 얹은 젤리과자가 조금씩 줄어들었고, 흰 크림을 눈처럼 뿌린 관목에는 이빨자국이 생겼다. ("이 이빨자국은 크리스마스트리 장식이에요, 엄마.") 누나들에게 질세라 두 살배기 아이도 생강과자 집을 뒤지며 누군가 먼저 베어 먹은 삼나무를 맛보다가 설탕으로 만든 문고리에도 눈독을 들인다.

"그냥 좀 놔 두지 그러니. 그 집에 마녀들이 살고 있는데 자기들 집을 먹으면 마녀들이 좋아하겠니?"

유럽동화 '헨젤과 그레텔' 이야기가 몇백 년이라는 시간을 뛰어넘어 북부 미시간의 현대식 주방에서 현실에 적용되는 순간이다. 이렇듯 아이들이 군것질을 못 하게 할 때 어른들이 써먹는 말은 예나 지금이나 변함이 없다.

나도 수 년 동안 미시간 북부 우드랜드 인디언 부족의 전통을 그대로 전하고 있다. 상징적이라기보다는 현실적이라고 할 조상들의 이야기나 인물들이 아직도 우리 문화에 생생하게 살아 있다. 우리 아이들은 그런 이야기와 인물을 통해 행동의 범주와 문화적 가치를 배운다. 삶에 필요한 기본적인 것은 물론 곤란한 일을 당하지 않는 방법이나 상처받지 않는 방법을 배우며, 폭음 폭식을 피하는 방법과 나무껍질로 간이 오두막을 짓는 법까지 상세하게 배운다.

원주민의 전통을 다른 문화권의 사람들에게 알리는 가장 좋은 길은 전통의 행간을 읽어내고 거기서 실용적인 메시지를 찾는 것이다. 아이들이 군것질을 못 하게 하는 방법 같은 것은 문화적 경계를 떠나 어디서나 공감대가 형성되어 있는 동시에 참으로 다양하기 그지없다. 우드랜드 부족만 하더라도 그와 관련된 이야기들이 저마다 독창적이고 색다른 유머를 갖추고 있는데다가 이야기를 전하는 사람도 저마다 생각이 달라 지역마다 제 각각이다.

아이들이 생강과자로 만든 집을 못 먹게 하는 방법도 가지각색이다. 세월 따라 등장인물이나 배경이 다양하게 변하면서 진화를 이루었다고나 할까. 물론 인디언 문화의 모든 면을 이해하기란 쉬운 일이 아니다. 하지만 요즈음 일반 사람들은 인디언 문화와 예술을 받아들일 준비가 예전보다 훨씬 더 잘 되어 있다고 나는 생각한다. 인디언이 미국 전체 인구의 0.5%에도 못 미치는 현실을 감안한다면, 모든 사람이 우리처럼 민감하고 투명하게 인디언의 전통을 공감하리라고 기대할 수는 없다. 다만 중요한 것은 우리가 미국 문화에 끼친 풍부하고 다양한 영향을 이제는 사람들이 존중하고 이해하고 있다는 사실이다.

우리 삶에 적용되는 전통 5

삶에 필요한 거짓말

조용한 날들

낡에 필요한 거짓말

오대호 지역 우드랜드 인디언에게도 남서부 지방의 '이야기꾼 인형' 같은 인물이 있느냐고 묻는 사람이 많다. 그럴 때마다 나는 두말 없이 '디바지모'가 있다고 대답한다. '디바지모'란 오지브웨이 인디언 말로 '이야기꾼'이라는 뜻이다.

사실 디바지모는 우리 부족을 낳은 조상 할머니 '노코미스'의 친구다. 노코미스는 구전 역사에 등장하는 반은 인간이고 반은 영혼인 네 형제 가운데 막내를 기른 분이다. 생명체를 맡아 보살피고 가족의 대를 잇게 하는 동시에 권위를 상징하기 때문에 이분을 빼고서는 우리 부족의 전통적 대가족제도를 이야기할 수 없다. 수많은 놀라운 일들이 그 할머니의 동그란 오두막집을 무대로 하고 있다.

이야기꾼 디바지모

연세는 많지만 아직도 할 일이 많고 매력적인 노코미스에 비해 할머니를 따라다닌 디바지모는 전형적인 홀아비다. 그는 옛날 방식이나 관습에 대해 말이 좀 많은 편이다. 때로는 청하지도 않은 의견이나 충고를 하는 바람에 젊은이들을 지겹게 한다. 주로 과장된 일화까지 곁들여 가며 말이다.

그러나 디바지모가 나누어 주는 지혜는, 입으로 전해 오는 여러 이야기에 등장하는 젊은이들처럼 우리가 나이 들고 더 많은 경험을 할 때 비로소 이해하게 되는 것들이다. 세상을 알 만한 어른이 되어서도 디바지모나 나이 많은 분들의 말씀을 곰곰이 생각해 보면서 새로운 깨달음을 얻기도 한다.

어떤 때는 우리 부족의 구전되는 이야기를 들려준 다른 이야기꾼은 혹시 없는지 묻는 사람도 있다. 그럴 때도 나는 서슴없이 대단한 이야 기꾼이셨던 우리 할머니의 오빠, 레오나르도 모피쉬와쉬를 언급한다. 할아버지는 부족 사이에서 이야기꾼으로 알려져 있지는 않았지만 좋은 이야기를 많이 해주는 분이셨다. 우리 부모님을 포함한 많은 젊은 이들에게도 그러했고, 또 나이가 드셨을 때는 우리에게도 여러 가지 살아가는 방법을 보여주면서 즐겁게 사셨다. 이야기를 하다가 좀더 실 감나게 표현하고 싶은 부분에서는 나무껍질이나 막대기 또는 종이접 시까지 동원해서 모형이나 가면을 만들어 설명을 하셨고 항상 손을 움 직여 뭔가를 하고 계셨다. 우리가 생선을 손질하거나 저녁식탁에 올릴 오리의 털을 뽑고 있을 때, 사슴고기를 썰고 있을 때도 끊임없이 옆에 서 이야기를 하시곤 했다. 디바지모를 생각할 때면 레오나르도 할아버 지가 떠오른다. 할아버지는 참 민첩한 행동파에 강인한 분이셨다고 생 각된다. 디바지모의 조언과 마찬가지로 할아버지가 해주셨던 말씀도 자주 떠오르곤 한다. 물론 세부적인 이야기들은 다른 사람에게서 전해 듣기도 했지만, 여기저기서 단편적으로 들은 것들을 지금부터 내가 시 작할 이야기로 한데 짜맞추는 작업은 평생의 경험과 문화적인 배움이 있었기에 가능했다. 어느 한 문화권에 속해 있다는 것이 바로 이런 것 이 아닌가 한다. 나에게 배움이란 끝이 없는 것이다.

'미난'은 오지브웨이 인디언 말로 딸기를 뜻한다. 딸기의 종류도 모양에 따라 이름이 붙었는데, 보통 흔한 딸기는 '오다이미난'(하트 딸기)이라고 하며, 나무딸기(raspberry)는 '미스키위미난'(핏빛 딸기)이라 한다. 어렸을 땐 손에 오래 쥐고 있다가 뭉그러진 나무딸기를 '미스키위위미난', 즉 '피투성이 딸기'라 불렀다.

블루베리는 수식어 없이 그냥 미난이라고 부르는데 북쪽지방에서는 가장 중요한 야생과일로 꼽힌다. 늦여름에서 가을 사이 오대호 북부에는 굉장히 넓은 지역에 걸쳐 블루베리가 자란다. 얼마나 무성하게 우거져 있는지 여자들과 아이들도 단 몇 시간이면 엄청나게 많은 블루베리를 딸 수 있을 정도다. 당도가 높고 펙틴 함유량도 많아 8월 중순경부터 서리가 내릴 때까지 온전한 모양과 맛을 간직한 블루베리를 수확할 수 있다. 미처 따지 못해 덩굴에 말라 붙은 것도 따 먹으면 꿀맛이다. 그 옛날, 오지브웨이 인디언은 블루베리를 남쪽 친척들이 재배한 옥수수나 콩 또는 과즙 등과 물물교환하기도 했다.

미난

우리 가족은 북쪽 끝자락에 오두막을 한 채 가지고 있다. 9월이면 우리는 그곳에서 가서 블루베리 파이를 하루에 예닐곱 개씩이나 구워서 먹곤 한다. 큼직하고 속이 그득 찬, 잘 부풀어 올라 먹음직스러운 블루베리 파이를 손바닥 위에 올려놓고 손가락으로 집어 한 입 가득 베어 먹는 것이다. 미난을 딸

때 나는 아이들에게 한 가지 규칙을 말해 주는데 그것은 들통에 딸기 한 알을 넣을 때마다 두 알은 입 속에 넣어야 한다는 것이다. 딸기를 딸 때 가장 재미있는 놀이는 곰이 그러하듯 손을 사용하지 않고 입으로 따 먹는 것이다.

미난은 우리만 따러 가는 게 아니다. 이따금 우리 개가 귀를 쫑긋 세울 때면 요란하게 쿵쿵거리는 소리가 들려오다가 갑자기 멈춘다. 그러면 우리는 그 소리가 나던 덤불 쪽을 뚫어지게 바라보는데 어떤 때는 곰이란 녀석이 조용히 딸기를 따는 우리들 바로 곁에 다가와 있기도 한다. 그럴 때면 녀석들은 우리를 쳐다보다가 조심스레 소리없이 물러가는데, 그곳은 곰들도 즐겨 찾는 딸기밭이라는 생각이 든다. 집으로 돌아오는 길에 우리는 덤불길 먼지 자욱한 입구에 뿌리째 나뒹구는 푸르스름한 덩굴을 보며 곰들도 우리도 미난에 정신이 팔려 서로 맞닥뜨리는 위험을 무릅쓰고 실컷 먹었음을 알게 된다.

미난에 얽힌 이야기로 '블루베리 소년'에 관한 것이 있다. 그 사내아이는 꼬마들이 으레 그렇듯이 다가올 기나긴 겨울을 대비하는 딸기 따기가 얼마나 중요한지 몰랐다. 그래서 엄마와 누이한테서 떨어져 여기저기 쏘다니던 그는 블루베리를 따는 족족 다 먹어치우는 바람에 결국에는 곰으로 변해 버려서 가족도 알아보지 못하게 되었다는 줄거리다.

그 이야기를 떠올리며 이빨이 푸르죽죽해지도록 블루베리에 정신이 팔린 아들녀석에게 나와 개한테서 떨어지지 말라고 다시 한번 주의를 준다. 세인트 버나드 잡종인 우리 집 덩치 큰 개도 블루베리를 핥아 먹고 있다. 블루베리가 들통마다 가득 채워지면 우리는 개와 함

께 마지막 축제를 벌인다. 네 발로 기면서 입으로만 블루베리를 따 먹
는 것이다.

'으~음, 맛있는 미난!'

전통적으로 오지브웨이 인디언 여자들은 스스로를 '물
지킴이'라 여긴다. 우리가 자신에게 명예로운 직책을 부여하는 것이
다. 집단으로 살던 당시 음식을 만들고 빨래를 하느라 물을 길러
오는 일이 우리 여자들 몫이었다는 점에서 그것은 당연한 것
이다. 성별과 나이와 능력에 따라 각자 하는 일에는 나름
대로 명예로움이 깃들기 마련이다. 이는 곧 사람이 저
마다의 가치를 지니고 있다는 뜻이다. 그렇기에 우리
의 문화는 결국 우리 중 누구 하나라도 없으면 그 명
맥을 유지해 나갈 수 없는 것이다.

물 지킴이

한 집안의 물 지킴이로서 우리 여자들은 가까운
곳의 수원이 쓰레기나 빗물 따위로 오염되지 않도
록 해야 했다. 아이들에게도 쓰고 버리는 더러운
물과 쓰레기를 어떻게 처리해야 하는지를 가르쳐
서 최소한 해야 할 일상의 허드렛일을 하도록 했
다. 우리는 물이 없으면 살 수 없다. 그런데도 생각
없이 사소한 부주의로 물을 오염시키고 있는 것이
다.

물을 사용하고 처리하는 일과 그것을 가르치고 전수
하는 일은 전적으로 여자들에게 달려 있다. 이 사실은 일
상 생활이나 가족, 사회 나아가서는 우리 역사 속에서 여자
들의 역할이 얼마나 중요한지를 다시 한번 생각하게 한다.

어떤 어른들은 우리 대지에 인간, 즉 '애니쉬나베그'를 퍼뜨린
장본인은 최초의 여성인 '키쉬고크웨이'라고 한다. 인간뿐만 아니라

모든 생명체를 있게 했다는 '키쉬고크웨이'는 '구름여인' 또는 '안개여인'이라는 뜻이다. 그녀는 공기 중에도 존재하고 겹겹이 쌓인 구름층과 안개 속에도 존재한다. 따뜻한 날이면 그녀는 우리가 사는 집과 창고를 에워싸고 있는 호수로부터 습기를 빨아들여 미풍 속에 간직했다가 생명수로 바꾸어 식물에 내려주거나 호수로 돌려보낸다. 물은 그렇게 끊임없이 형태를 바꾸면서 돌고 돌아 다시 사용되는 것이다. 키쉬고크웨이도 그처럼 여러 가지 인격체로 변하며 복수로 불어날 수도 있어서 동시에 여러 곳에 존재하기도 한다. 그녀가 대지에 인격체로 존재하는 것(모든 오지브웨이 인디언 여자들 내부에 존재하는 것이 그 실체다)과 역사적, 초자연적 정체가 어떻게 다른지는 구별할 수 없지만, 그녀의 역할은 우리에게 도움을 주고 사랑을 베푸는 것이다. 그래서 그녀가 보여주는 너그러움과 처신하는 자세는 모든 애니쉬나베그 여자들의 귀감이 된다. 키쉬고크웨이처럼 우리 여자들은 대대로 이어지는 인류의 삶에 없어서는 안 될 공헌을 하는 것이다. 우리가 바로 물지킴이가 아니던가?

희뿌옇게 동이 트는 시각, 어린 '비다운'이 물가 바위에 앉아 물오리 '망'과 이야기를 나누는 중이었다. 거친 바위에 행여 긁히기라도 할까 조심하며 그녀는 바로 곁 완만하게 굽은 모래사장에 카누를 대놓았다. 카누가 있어야 물길을 다닐 수 있는 데다 가족을 먹여 살리시는 부모님을 돕기 위해 고기를 잡아야 하기 때문에 그녀는 카누를 조심스럽게 다루었다. 대개는 고기가 잘 잡혀서 즐겁게 일을 했는데 어찌 된 영문인지 요 며칠 동안 고기잡이가 영 신통치 않았다.

물고기에게 살며시 다가가기

비다운은 물오리 '망'이 물고기를 잡는 데 선수라는 사실을 잘 알고 있었다. 그런 망은 비다운에게 고기잡는 요령을 기꺼이 가르쳐 주었다. 비다운은 몸을 엎드려 화강암 돌출부의 조그만 틈새에 모카신(북아메리카 인디언의 뒤축 없는 신/역주)을 신은 채 발가락만 끼우고 물 쪽으로 한껏 몸을 내밀었다. 그러자 장난꾸러기 망은 목을 길게 뽑고 어리고 순진한 비다운의 귀에 대고 이렇게 속삭였다.

"내 등에 타고 호수를 헤엄쳐 볼래?"

그리고 둘은 소리없이 물 속으로 미끄러져 들어갔다.

수면은 잠잠했다. 비다운은 조심스레 몸을 한쪽으로 기울여 얼룩점이 박힌 물오리의 등 아래 그림자가 드리운 깊은 물 속을 응시했다.

"네가 물고기라고 생각해 봐."

물오리가 힘주어 말했다.

"물고기들이 언제, 어디에, 무슨 이유로 모여 있는지 알아내야 하거든. 그런 다음 살며시 다가가면 물고기들은 저절로 잡히게 되어 있어."

망은 천천히 조심스레 몸을 낮추더니 이윽고 눈이 물에 잠기었고 비다운의 얼굴도 물 속으로 들어갔다. 그녀는 전혀 무섭지 않았다. 오히려 이 차분하고 조용한 고기잡이 수업이 즐거웠다. 물 속으로 들어올 때 그녀의 머리칼은 뒤로 나부꼈고 아주 편안한 기분이었다.

집안의 맏딸인 비다운은 아직도 망과 함께 물 속에 있다. 이제 그녀는 훌륭한 어부가 되었지만 더 이상 가족들이 기다리는 집으로 물고기를 가져갈 수 없다. 인간의 말을 할 수 없는 물오리가 되었기 때문이다. 그러나 그녀는 가족들이 탄 카누가 가까이 오면 떨리는 소리로 부른 다음 물 속으로 들어갔다 나왔다 하면서 부지런히 날개를 파닥거려 고기가 모여 있는 곳을 알려준다. 바람 부는 해변에 그녀의 점박이 무늬 깃털이 밀려오면 우리는 그것을 주워 간직한다.

늦은 오후, 눈이 커다란 창꼬치 고기가 가끔씩 먹이를 찾으러 오는 곳은 수면 바로 아래 바위가 솟아 있는 지점인데 나는 그곳에서 낚시하기를 좋아한다. 어느 날, 시내에서 장을 보고 보트를 타고 돌아오다 그 지점 가까운 곳에서 아이들과 낚시를 하기로 했다. 열여섯 살이 된 딸아이가 낚싯대를 드리우자마자 대어가 걸렸는데 몇 번 크랭크를 걸자 릴의 손잡이 핀이 망가져 버렸다. 그러자 딸아이는 맨손으로 참을성 있게 낚싯줄을 감기 시작했고 우리는 배를 멈추고 기다렸다. 마침내 딸아이는 60센티미터나 되는 창꼬치를 끌어올렸다. 낚싯줄이 팽팽

하지 않았던 것으로 미루어 물고기는 거의 마지막 순간까지 저항을 하지 않았던 셈이다. 바로 이 점이 우리 조상들이 낚싯대 없이 맨손으로도 그렇게 훌륭한 어부가 될 수 있었던 이유다. 그들은 물고기에게 살며시 다가가는 요령을 알고 있었던 것이다. 고마워요, 비다운.

오지브웨이 인디언의 고대언어 가운데 지금은 사용하지 않는 낱말에 관해 이야기하려고 한다. 내가 그 낱말을 마지막으로 들은 때가 무려 40년쯤 전이다. 그것은 '마그데'라는 낱말로 '당혹스러운'이라는 의미다. 형용사로 생각할 독자들에게 이것이 동사라는 것을 어떻게 설명해야 할지 나로서는 참 어려운 일이다.

**큰 물을
건너야 할 때에는**

아이 때 나는 이 낱말을 걱정스럽고 불안한 또는 혼란에 빠진 영혼, 그러나 결코 화가 난 것은 아닌 그런 영혼을 가리킬 때 사용하는 것을 들었다. 내가 들은 이야기 속 등장인물들은 아무리 마음에 들지 않은 성격이라도 대체로 호감을 느낄 만한 인물들이었기에 나쁜 영혼, 즉 '마치 마니도그' 같은 것은 없었다. 나쁜 영혼이란 개념은 유럽과의 교류가 시작된 초기에 르네상스식 선악 개념이 우리가 전통적으로 갖고 있는 영혼에 대한 인식을 압도했던 데서 생겨난 잔재일 뿐이다. 언어뿐 아니라 문화적인 차이도 있기 때문에 인디언과 영혼의 관계에 대해 잘못 이해한 것이다. 우리 이야기 속에 등장하는 인물들은 모두 인간이 가진 특성을 소유하고 있으므로 그들을 나쁘다고 말하는 것은 곧 우리 자신이 나쁜 인간들이라고 말하는 것이 된다.

호수·강·우물 등에 살고 있는 물밑 괴물은 통틀어 '미치가미가그'라고 부른다. 그것들은 한 생명체만으로 이루어진 것이 아니라서 말 그대로 괴물이다. 그 중 다수에 해당하는 '미치키니비가그'는 사슴처럼 뿔이 달린 뱀으로, 그들이 하는 일은 때로 익살스럽기도 하다. 일자 모양의 몸체가 부분적으로 꼬불꼬불해서 우스꽝스러워 보이는데, 그들은 될 수 있는 대로 뿔을 바위틈에 끼워두려 한다. 그들 중 가장 유명한 것이 뿔 달린 물 속의 산사자인 '미시 비주'다. 미시 비주는 거대한 부들 같은 꼬리를 흔들어 오대호에 위력적인 파도를 일으킨다. 그렇다고 그들이 악한 괴물은 아니다. 이들 무리는 맡은 임무가 있는데 그것은 날씨와 자원을 잘 살피고 욕심이 지나친 어부를 호수에서 쫓아내는 일이다. 어부들이 바람과 파도와 살얼음 같은 경고신호를 무시하면 아예 고기잡이를 못하게 만들어 버린다. 이들이야말로 원초적인 생태주의자인 셈이다. 우리는 그 괴물들을 놀리기도 하지만 동시에 존경하는 마음도 갖고 있다. 그들에게 일을 당한 사람들의 말을 들어보면 익살스러운 괴물이라는 생각이 없어진다. 지혜롭지 못하고 경험도 없는데다 탐욕스럽지도 않은 인디언 젊은이들이 긴긴 겨울 동안 강기슭 집에만 갇혀 있기가 지겨워 스노모빌을 타다 살얼음판에서 희생되는 경우를 보게 될 때가 그런 때이다.

언젠가 오지브웨이 인디언 이야기꾼이 이런 이야기를 했다.

"저 바깥세상에는 너무나 끔찍한 것들이 많아서 우리 조상님들이 도저히 말로 표현할 수조차 없었단다. 그러나 그런 것에도 다 뜻이 있단다. 우리는 두려워서 위험한 것들을 멀리하고 살아올 수 있었으니까."

사실 우리는 예전 민족지 학자들처럼 괴물들을 무지하고 유치한 바보로 묘사하기보다는 우리의 잘못을 눈감아주는 인자한 부모 같은 존재로 조명하기를 원한다. 호수에서 물과 더불어 삶을 지속해온 우리에게 그 괴물들은 매우 현실적인 존재이며 꼭 필요한 존재이기 때문이다. 우리가 아이들을 보호할 수 없는 경우에는 이런 인물들과 그들의 이야기가 현명한 부모 역할을 대신한다.

익사 사고에 관한 이야기도 많은데 소름끼치는 것도 있고 아름다운 이야기도 있다. 섬뜩한 이야기는 재난을 예방하기 위한 것이고, 아름다운 이야기는 등장인물이 살아 남은 경우를 말한다. 어떤 이야기는 물과 뭍 양쪽에서 살아가는 가족을 묘사하고 있는데, 이는 물과 뗄래야 뗄 수 없는 우리 삶의 형태에서 자연스럽게 생겨난 것이다.

잠시 후에 나는 길이가 4미터 정도 되는 내 작은 보트를 타고 슈피리어 호숫가에 물에 잠겨 닳아지고 있는 목재더미를 따라 한 시간 반쯤 노를 저어 갈 것이다. 섬에 있는 오두막에서 당분간 지내기로 한 계획을 긴 겨울 동안 실행하고 싶어서다. 할로윈 축제가 곧 다가오고 물 밑 괴물이 심술을 부릴 수도 있겠지만, 나는 50킬로미터 이내에 인가라고는 없는 외딴 곳으로 수심 100미터가 넘는 깊은 물을 따라 노를 저으며 여행할 것이다.

한동안 무척이나 고요한 날이 계속되었으니 이제 바람이 좀 불어 배를 띄울 수 있었으면 좋겠다. 그렇지 않으면 더 북쪽에 위치한 내륙 호숫가의 다른 가족 캠프로 배를 옮겨야 할 것이다. 멀지 않은 곳이니 쉽게 갈 수 있을 것이고 그곳에서 바람을 기다려 떠나면 된다. 그렇다 해도 인가가 있는 곳까지 가자면 슈피리어 호수의 엄청난 열기에 비해 수주일 동안 더욱 차가워졌을 깊은 물을 지나야 한다. 체온저하는 단 몇 분만에 생명을 앗아갈 수 있고 호숫가에 달랑 하나인 우리 오두막은 100명 정도 거주하는 이웃 인디언 마을과는 멀리 떨어져 있다.

바보가 아닌 다음에야 목숨을 가볍게 여기겠는가? 우리 가족은 늘 조심하며 살고 있고 오대호 주변에서 생존해온 경험이 풍부한 지난 세대들의 의견에 늘 귀를 기울인다. 지금 이 순간 영혼 '마니도그'는 스승이자 보호자로, 그리고 상식과 조심성의 표상으로 내게 대단히 현실적으로 느껴진다. 슬픈 이야기들은 전설을 구성하는 요소다. 일과 전화통화와 복잡한 교통에서 벗어나 신나는 점도 있지만 어딘가 불안한 것도 사실이다.

결국엔 내 이야기를 믿겠지?

아이들에게 내가 어린 시절 겪었던, 일생에 한두 번 일어날까 말까 한 진기한 이야기를 들려 주기 시작한 지도 벌써 17년째다. 이상 했던 날씨 얘기는 물론이고 그런 날씨가 계속된 동안 있었던 해괴한 일들도 말해 주었다. 지난 17년 동안 대부분의 경우 아이들은 말도 안 되는 이야기를 한다고 나를 이상하게 여겼다. 내가 초코쿠키를 맛있게 굽지 못했거나 학교 에 폼잡고 입고 갈 옷을 사줄 만큼 돈을 벌지 못했더 라면 십대인 우리 큰딸이나 그 친구들은 아마 나를 상대도 하지 않았을 것이다.

얼음 벌판에서

"엄마가 어렸을 적에 몇 번 있던 일인데…."
라고 말을 시작하면서, 눈이 쌓인 날도 아니었는 데 사방에 마치 유리처럼 투명한 얼음이 얼었던 이상한 때가 있었다고 얘기하면 아무도 곧이듣지 않았다. 호수 밑바닥 모래알갱이와 조약돌까지 다 볼 수 있었는데 말이다. 마치 시간이 정지된 것만 같았다. 우리는 얼음을 지치며 호수의 깊이와 등심선 을 눈으로 보며 공부할 수 있었다. 중력에 도전하며 꽁 꽁 얼어붙은 금지된 세계에 살며시 발을 내디뎠던 것이 다. 바람 한 점 없고 잔물결조차 일지 않아 얼음 아래 물밑 세상이 생생하게 그대로 보이던 세계…. 그리고 밝게 내리쬐 던 햇살….

얼음 위에서 놀다 지치면 나는 배를 깔고 엎드린 채 그 두렵고도 신기한 세계를 가만히 들여다 본다. 내가 미동도 않고 숨소리조차 내지 않을 때쯤이면 마침내 먹이를 찾아 돌아다니는 송어 떼가 내 눈앞을 유유히 헤엄쳐 지나간다. 처음엔 저 아래 모랫바닥에 둥그런 그림자만 보이다가 물고기 몸체가 눈에 들어오면서 유연하게 움직이는 지느러미를 보게 되는 것이다. 내 존재를 싹 무시하고 지나가는 살지고 싱싱한 송어!

때로는 낡은 침대시트를 어린 나뭇가지에다 돛으로 매달고 바람을 이용해 스케이트 항해를 한 적도 있는데 얼마나 빨리 달렸던지 수면 가까이나 얕은 물에 있던 물고기들이 놀라 달아나기도 했다. 물고기란 녀석들은 옆으로 헤엄쳐 나갈 뿐 곧장 앞으로 전진하는 법이 없다. 물이 일단 차가워지면 모든 것이 더 천천히 움직이는 듯했다. 두꺼운 얼음은 부피가 줄거나 늘 때마다 물개가 울부짖는 것 같은 소리를 냈다. 마치 살아 있어서 우리 존재에 대답이라도 하는 것처럼.

크리스마스인 오늘, 남자아이들이 새 장비를 시험하며 뚫어 놓은 얼음구멍에 손을 넣어 본다. 얼음두께는 보기보다 두꺼워 13센티미터나 된다. 세속과 거리가 먼 듯한 물밑 세상을 들여다 보며 걷다가 지칠 때쯤이면 어둠이 우리를 호수에서 몰아낸다. 우리는 아직 얼음이 육지와 만나지 못한 호수 가장자리의 살얼음 덮인 곳을 건너간다. 우리가 떠나고 불과 12시간 후 호수에는 눈이 50센티미터나 쌓여 접근할 수 없는 곳이 된다. 누군가 감탄하는 목소리로 이렇게 속삭인다.

"엄마, 얼음호수를 본 것만으로도 얼마나 영광인지 모르겠어요."

'엘니뇨'에 해당하는 우드랜드 인디언 언어는 없지만 구전에 의하면 다음과 같은 어정쩡한 표현은 있다.

"어느 해에는 겨울이 느지막이 찾아와서 그때까지 사람들은 게으름을 피며 편안하게 지냈다."

그러다 겨울이 순식간에 들이닥쳐 호수에 눈도 쌓이지 않은 채 고기에게 얼음 낚시꾼들의 정체가 다 드러나도록 투명하고 매끄러운 얼음이 갑자기 어는 바람에 깜짝 놀라곤 했다. 그래서 사람들은 굶주려야 했다. 물고기 모양의 가짜 미끼를 얼음구멍에 늘어뜨리고 작살과 진짜 미끼를 들고 기다렸지만 밝은 햇살을 통해 호수바닥에 드리운 그림자로 사람의 작은 움직임까지 다 보이니 물고기는 모두 놀라 달아났다. 사람들은 먹을 것이 부족했다. 긴 가을이 언제까지나 계속될 줄 알고 식량을 충분히 마련해 두지 않았기 때문이다.

얼음낚시 오두막의 기원

바로 그때가 가르침을 주는 영혼이며 약간 모자란 바보인 동시에 훌륭한 영웅인 '마나부주'가 그 최초의 얼음낚시 오두막을 지으려고 얼음낚시를 잠깐 멈춘 시점이다. 삼나무 가지를 엮어 만든 그 집은 소용돌이 모양의 그림자를 만들었으므로 물고기들에겐 수중 구조물로 보였을 것이다. 마나부주는 너무도 맑고 미끄러운 얼음 위, 고기가 잡힐 만한 지점에 그 집을 세우느라 무척 힘이 들었을 것이다. 하지만 일단 집을 완성한 다음엔 그저 기다리기만 하면 되었으므로 인내심이 있는 편은 아니었지만 마나부주는 기다리고 또 기다렸다. 수수께끼 같은 존재, 인간이자 영혼인 마나부주의 뛰어난 고기잡이 기술을 흠모하던 마을 사람들은 혹시라도 큰 물고기가 놀라 도망칠까 봐 얼음구멍 가까이에 얼씬도 하지 않았다.

해가 막 지려는 찰나, 마나부주는 거대한 철갑상어에 작살을 꽂았다. 어찌나 큰 놈이던지 작은 얼음구멍으로는 도저히 끌어 올릴 수가 없었다. 그래서 마을사람 몇몇이 달려들어 얼음구멍을 넓히고 마나부주가 그 녀석을 끌어 당겨 보았지만 거친 비늘이 구멍에 걸려 번번이 허사였다. 짧은 겨울해는 어느새 넘어가고 칠흑 같은 어둠 속 별빛만 반짝였다. 보름달이 어서 떠오르기를 기다리며 사람들은 얼음구멍을 조금씩 넓혀갔다. 미끄러져 얼음구멍에 빠질까 겁이 나기도 했지만 먹을거리가 떨어진 지도 한참인데다 자신들을 도와주려는 마나부주에 대한 존경심 때문에 차마 불평을 할 수 없었다. 일을 빨리 끝내야만 했다. 상처 입은 철갑상어를 놓친다는 건 인간에게나 물고기에게나 해가 될 뿐이었다. 사람들은 얼음을 통해 보았던 그 거대한 놈을 마음에 떠올리며 놀라움에 젖은 채 달이 뜨기를 기다렸다.

드디어 어부들이 맘 졸이며 고대하던 커다란 보름달이 드넓은 얼음 호수를 환히 비추며 나무 꼭대기 위로 솟아 올랐다. 그러자 물고기도 사람들을 바라보았다. 거대한 철갑상어는 작살에 찔린 채 대항하려 들지 않았으므로 사람들은 얼음 깨기를 계속해 나갔다. 결국 사람들에게 들어 올려져 호수를 가로질러 언덕을 지나 사람들의 가족이 기다리는 오두막까지 질질 끌려가는 동안 그 녀석은 눈알만 굴리며 조용히 사람들의 행동을 바라보았다. 푸짐한 살집에 대한 감사로 사람들이 지느러

미를 쓰다듬으며 담배를 한 대 권하자 그 녀석은

"사양하겠어요."

라고 나직이 답했다. 그 녀석 덕분에 봄이 올 때까지 사람들은 배가 고
프지 않았다.

　아이들은 종종 내게 이렇게 묻는다.

　"그 얘기가 전부 진짜란 말이에요?"

　그럼, 그렇고 말고. 정말로 다 진짜야.

겨울에 행하는 '파우와우'는 대부분의 사람들이 알고 있는 의식보다 규모도 작고 사사롭다. 이 의식을 통해 우리는 이미 세상을 떠난 자들과 부족장들 그리고 아이들과 계절의 변화를 기념한다.

나는 한겨울에 열리는 파우와우를 제일 좋아한다. 다른 문화에서 동지를 기념하는 것과 달리 우리는 동지를 지나 40일쯤 되는 날부터 2주 동안을 기념한다. 이 시기에는 낮이 눈에 띄게 길어지고 동물이나 자연환경에 분명한 변화가 시작되는 때이다. 기쁨과 기대가 넘치는 때, 활동하는 시간이 나날이 길어지고 날씨가 따뜻해지는 때를 고대하는 것이다. 생각에 따라 다르겠지만, 나는 왠지 겨울의 고요함과 투명한 아름다움을 잃는 기분이 든다.

밤을 들이마니며

이렇게 추운 계절에 열리는 파우와우에는 여자들이 춤을 추는 순서가 있다. 숄 하나만 있으면 출수 있는 이 숄춤은, 열네 살부터 제일 나이 많은 할머니까지 모든 여자들이 맨 앞 사람의 동작을 따라 하며 춤을 춘다. 리더는 매번 바뀌게 되어 있고 해마다 춤을 시작하는 주요 멤버가 있다. 그들끼리 귓속말이 오가고 고개를 끄덕인 다음 둘러앉은 사람들 중에서 세 명 정도의 여자가 가운데 빈 공간으로 나오면서 춤이 시작된다. 춤추는 여자는 순식간에 열두서너 명이 된다. 가족이나 친구들을 위해 상자에 넣어둔 숄을 하나씩 찾아 걸친 여자들의 춤추는 행렬은 점점 길어진다.

춤은 천천히 규칙적이고 차분하게 시작된다. 맨 앞 사람이 스텝을 살짝 바꾸면 뒷사람도 바로 다음 박자에서 그대로 따라 해야 하고 그 다음 사람 역시 똑같이 따라 하다 보면 그것은 마치 알록달록한 도미노처럼 연속되는 몸짓으로 부드럽게 움직인다. 그러다 스텝의 변화가 잦아지면 앞 사람을 미처 따라 하지 못해서 실수가 늘어나 깔깔대며 웃다가 굽이치는 물결 모양인 위위비미닉완이 흐트러지기도 한다. 우리가 줄을 다시 정리하고 마음을 가다듬으며 연습을 조금 하는 동안 리더도 동작을 잠시 멈췄다가 춤은 다시 시작된다. 고개를 들고 춤을 추며 우리는 우리 자신의 아름다움을 느낄 수 있다.

오두막은 사람과 음식으로 열기가 가득하다. 빠른 박자의 열광적인 춤을 먼저 선보였던 젊은이들로 방안은 온통 뿌연 김이 서려 있다. 열린 문을 향해 스텝을 밟아 나가는 리더를 따라 우리는 마치 반짝이는 강물이 굽이치며 사라지듯 춤추며 주차장 쪽으로 나아간다. 바깥 공기는 차갑고 상쾌하다. 우리의 옷과 머리칼에 배어 있는 후텁지근한 열기가 다 날아가 버린다.

오두막에서는 드럼 소리와 가수의 노랫소리가 희미하게 들려오고 우리는 그 아련한 소리에 맞춰 계속 춤을 춘다. 관중을 벗어난 자유로움을 만끽하며 고개를 젖히고 하늘을 바라보며 몸을 흔든다. 이제 곧 노랫소리가 멈출 것이다. 열기를 식혀주는 차가움, 우리는 기분 좋게 맑은 공기를 들이마신다.

구름 띠 사이로 별이 총총하다. 우린 그 모양을 하늘에 뚫린 구멍이라 부른다. 바깥의 어둠과 적막함은 하루의 준비와 일과 여행을 멈추고 맞이하는 행복한 휴식이다.

이제 음악은 멈추었다. 하늘에 퍼지는 웃음소리, 따뜻한 포옹, 정다운 대화. 막 피어나는 십대 아가씨들은 그들이 열심히 따라 배우는 나이든 선배들의 칭찬을 듣는다. 여러 가지 말들이 오간다. 모두가 사랑과 위로가 담긴 말들이다. 이 세상과 가족들이 모두 다 평안하다는 느낌을 받는다.

아이들이 혹시 저지레를 하지는 않았는지 살펴볼 시간이다. 이제 곧 '경품' 나눠주기가 시작된다. 우리 경제는 이 재분배 방식을 통해 유지되어 왔으며 아직도 어느 정도 통용되고 있다. 손전등, 자동차 배터리, 아기 옷, 유치원생이 읽을 책 등이 있을 것이고 허브나 버섯도 있을 것이다. 깃털 옷의 중간에 반짝반짝 빛나는 CD플레이어를 차고 있는 열두 살짜리 남자아이는 샐비어 한 다발을 받으려고 퀼공예 장식을 찬 팔을 내밀다가 구슬상식의 농구화 끈에 걸려 넘어지기도 할 것이다. 이러한 여러 가지 전통은 시간이 지나도 계속될 것이다. (퀼공예: Quillwork, 인디언들의 옷이나 목에 차는 주머니 등 장식품에서 가구에 이르기까지 다양한 용도에 쓰이는 전통공예. 동물의 털이나 식물 등 다양한 천연재료를 이용해 알록달록한 기하학 무늬나 동물, 식물의 모양 등 다채로운 문양을 자랑한다 / 역주)

열기를 식힌 우리 여자들이 한 명씩 오두막으로 들어설 때 텐트가 주저앉을 만큼 엄청난 소리와 열기가 몰려온다. 남자아이들이 이리저리 뛰어다니고 종소리가 요란하게 울린다. 어린아이들은 티격태격하느라 정신이 없다. 아무도 우리 여자들에게 관심이 없다. 우리는 이 춤을 수백 년 동안 추고 있다.

캐나다 수집상들은 수 년간 먼 북쪽에도 이 일을 하는 늙은 여인이 있다고 했지만 내가 알기로 생존하는 자작나무 껍질 꼬기 기술자는 미시간에 두 사람 밖에 없었다. 수집상들 얘기를 들은 지 얼마 되지 않아 80대였던 그 여인이 세상을 떠났다고 들었다. 어느 해 발렌타인 데이에 니피곤 호수 주변을 여행하던 중 그 지역의 오지브웨이 부족과 크리(Cree) 부족 여자들 앞에서 껍질 도려내는 방법을 시연하게 되었다. 그 중 몇 사람이 내게 자작나무 껍질 꼬기를 할 줄 아느냐고 물었다. 이것은 존중할 만한 예술의 한 형태로 기억되고 있지만 아직도 그것을 할 줄 아는 사람이 있는지, 그 방법이 어떤 것인지에 대해 그들은 알지 못한다고 했다. 오대호 북부 지역의 인디언 부족간에는 연락이 빈번하고 자주 왕래하는 데다 부족끼리 결혼하는 경우도 자주 있었으므로 아주 사소한 일도 서로 모르는 경우가 없다. 우리는 이런 오래된 예술 양식을 소중히 여기고 그 전수자가 있는지를 알고 싶다.

자작나무 껍질 꼬기

그 일을 할 줄 아는 사람이 두 명이라는 것도 이젠 옛날 얘기다. 그 중 한 사람인 론의 송곳니가 빠졌기 때문이다. 작업하는 사람이 왼손잡이든 오른손잡이든 껍질을 입에 물어야 할 때는 주로 한쪽 송곳니를 사용하게 되는데, 론의 송곳니가 그만 빠져 버린 것이다. 니피곤 호수 지역의 관심 있는 사람들에게 시연할 기회도 갖기 전에 내가 마지막 기술자라는 사실을 알게 되자 나도 언제 죽을지 모른다는 생각에 부담스러워졌다. 자작나무 숲 근접 지역의 부족 가운데 혹시 그런 기술을 가진 자가 있는지 찾아보게 되었다. 내가 유일한 전수자라는 무거운 책임을 떠맡기 싫은 까닭이었다.

이 작업도 처음엔 놀이로 시작되었다. 디자인은 전통적으로 꽃이나 추상적 무늬, 동물 모양을 대칭으로 짜 넣는 것이다. 어렸을 때 팔로마라는 북부 온타리오의 작은 부족들이 작업하는 것을 본 적이 있다. 저녁식사 후 두세 명의 노인들이 화로 옆에 있던 장작의 껍질을 벗기더니 장난처럼 꼬기를 시작하는 것이었다. 그때 나는 워낙 어리기도 했지만 훗날 사라질 수도 있는 기술이라는 생각은 더더욱 없어서 사실 눈여겨보지 않았다. 내가 기억하는 건 호롱불 아래 드러난 무늬를 보면서 오갔던 농담과 가벼운 찬사 따위다. 그 중 어떤 아저씨는 송곳니도 없었다.

그러다 어른이 되면서 하고 있던 다른 껍질 작업에 곁들여 껍질 꼬기 작업을 시작하게 되었지만, 이빨도 아프고 힘도 여간 드는 일이 아니다. 어느 날, 미시간의 세인트 이그나스에 있는 오지브웨이 부족 문화박물관에서 일하는 인디언 후손 론 패긴이 껍질 꼬기를 한다면서 나무껍질을 유연하게 하려면 촛불을 이용하는 게 좋다고 알려 주었다. 널따란 자작나무 껍질을 편평하게 할 때 열을 쏘이면 좋다는 사실은 알고 있었지만 이런 섬세한 작업에도 그렇게 할 수 있다는 건 미처 알지 못했다. 그러나 기술이 필요했다. 론도 주의를 주었지만 열을 너무 많이 쏘이면 나무껍질이 상하기 일쑤였다.

오늘은 다른 작업을 하면서 벗겨낸 껍질이 종잇장처럼 너무 얇아서 접어 자르기 힘든 껍질들을 꼬는 중이다. 금방 벗겨낸 껍질을 사용하는 경우는 드물고 대부분의 경우 나무껍질 작업은 껍질 구하기가 어려운 겨울철에 하는 편이다. 대칭 모양을 내려면 껍질 가장자리를 잘라내는데 그래야 접기를 반복하는 동안 무늬가 제대로 나오기 때문이다. 난로에 올려 놓은 뜨거운 물주전자를 이용해서 껍질에 열을 쐰다. 특별히 복잡한 무늬를 만들 때에는 난로 가장자리에 껍질을 댔다 뗐다 하면서 꼬인 면들이 찢어지지 않고 팽팽해지게 더운 김을 쏘인다. 그런 다음 완성된 껍질을 다리미로 펴서 문지르면 접었던 선이 없어지며 매끈하게 완성된다.

내가 껍질 꼬기 작업을 언제부터 했는지 정확한 기억은 없지만 햇수를 더할수록 경험 덕분인지 기술이 나아지는 건 사실이다. 내가 이 작업을 좋아하는 이유는 일단 껍질을 입에 문 다음에는 그저 도전하는 정신으로 작업하다 보면 전혀 새로운 작품이 나오기 때문이다. 껍질을 자르는 모양과 크기, 두께와 결에 따라 최종 작품이 결정되고 똑같은 것은 절대 나올 수 없다. 이 작업은 우드랜드 부족의 전통 예술양식 중에 사라질 위험이 가장 높다. 종이와 가위만 있으면 언제 어디서나 나무껍질 자르는 방법은 가르쳐 줄 수 있다. 하지만 꼬는 작업을 가르치려면 입에다 껍질을 물어야 하므로 젊은 사람들은 지저분하다고 여길지도 모르겠다.

때로 숲에서 세찬 겨울바람에 저절로 떨어진 껍질을 줍게 되면 나는 그것을 꼬아서 미풍 속으로 날려 보낸다. 그것은 나를 먹여 살리는 숲에 고마움을 표시하는 방법이다. 또한 내가 다음 세대에게 '애니쉬나베그'가 아직도 여기 있으며 사소한 전통이지만 아직 사라지지 않았다는 것을 알리는 방식이다. 어떤 때는 내가 날려 보냈던 껍질을 몇 년 후에 내 아이들이 도로 주워온 적도 있다. 우리는 잠시 나무가 선사한 그 특별한 껍질을 보며 경탄하고 자연환경의 영속성에 경이로움을 느낀다. 그런 다음 다시 숲속 넓은 마당으로 그것을 돌려 보내고 누군가 그렇게 놓고 간 것을 내가 찾게 되기를 간절히 바란다. 우리가 지켜온 문화처럼 아직도 살아 숨쉬는 그 무엇의 일부분, 커다란 흐름의 한 부분이라는 것에 안도하기 위해서 말이다.

'비북웨다가민'은 오지브웨이 말로 '눈신발 망가지는 때'라는 뜻으로, 겨울과 봄 사이의 어느 시기를 가리킨다. 늦은 겨울, 호수는 얼어 있고 구름이 사라지게 되면 낮이 점차 길어지면서 쌓인 눈더미에 햇빛이 쏟아진다. 겹겹이 쌓였던 눈이 녹으며 질척거리기 시작한다.

예전엔 눈신발을 생가죽으로 만들었다. 날씨가 건조하고 차가울 때는 가죽이 아주 빳빳하고 튼튼하기 때문에 그것으로 밑창을 대면 걸을 때 눈에 빠지지 않았다. 그러나 가죽이 젖게 되면 늘어나는데다가 잘 찢어졌고, 가죽 끈이 나무틀에 마찰되는 부분은 헐렁해져서 사람의 무게를 받쳐주지 못했다.

눈신발

비북웨다가민은 겨울이면 어김없이 찾아오므로 오지브웨이 인디언의 눈신발은 해마다 망가질 수밖에 없다. 기름칠을 해도 녹아 내리는 눈은 생가죽으로 스며든다. 동쪽으로 담배를 팔러 나가며 동쪽 문을 지키는 영혼들에게 생가죽 눈신발이 망가지지 않도록 날씨를 춥게 해달라고 부탁하지만 보장되는 건 아니다. 부탁을 들어주는 것은 그들 마음이니까.

우리는 늙은 겨울 영혼인 '비분'에게 이제 북쪽 끝자락에 있는 당신 집으로 돌아가라고 부탁해보지만 그는 고집불통이다. 도무지 말을 듣지 않는다. 두껍고 축축한 담요를 고집스레 대지에 드리운 채 모퉁이마다 살금살금 다니며 우리를 기다리고 있다.

비분은 흔적을 남기지도 않는다. 찬 공기를 타고 움직이니 눈신발을 신을 필요도 없다. 그러니 대지 위에 작은 두 발을 딛고 자기가 뿌리는 눈 속을 헤치고 다녀야 하는 우리를 가여워할 줄도 모른다. 그래서 오지브웨이 부족 전통은 눈신발을 잘 간수하고 여분의 생가죽을 가지고 다닐 것과 아이들에게 나무와 가죽을 엮어 묶는 법을 가르치도록 일러 준다.

우리 부족은 '꿈 그물'을 요람이나 아기 침대, 잠든 어린이 머리맡에 걸어 두는 전통이 있다. 대개는 창가에 걸어 두는데, 붉은색 버드나무 틀에 탄탄한 가죽실 망을 짠 것으로 나쁜 꿈은 그물에 걸리고 좋은 꿈만 한가운데에 난 작은 구멍으로 들어오게 하려는 것이다. 나쁜 꿈이 망에 걸려 있는 곳을 상징하기 위해 한 개의 구슬을 꿴 줄을 박아 놓는다. 구슬 줄에 걸려든 나쁜 생각들은 늘어뜨린 리본 꼬리를 따라 혹은 깃털에 붙어 하늘로 날아가 버렸거나 달콤한 꿈으로 바뀌었으므로 아이들은 안전하게 보호를 받는 것이다.

꿈 그물

정말 멋진 생각이다. 아이들이 보호받아야 한다는 생각은 누구나 한다, 순진하고 사랑스러운 존재이므로. 그래서 꿈 그물은 오랫동안 상품성이 있는 물건이었다. 그 모양과 스타일, 구슬과 깃털의 조화는 상상을 초월할 정도로 다양한 형태로 만들어졌고 크리스마스트리나 자동차 거울, 목걸이에 달기도 한다.

이 꿈 그물은 인디언 부족들에게 단순한 관광상품 이상의 의미를 갖는 것인데, 이 소중한 전통이 일상적인 것에 묻혀버리는 것이 나는 불만이다. 실생활에서 꿈 그물은 엄마가 너무 바빠서 아이를 지켜보지 못할 때 아기들이 요람이나 아기 의자에서 안전하도록 지켜주는 튼튼하고 둥글고 부드럽게 만들어진 훌륭한 안전장치다. 오늘날 이것은 부족 어린이들에게 자신들이 세상의 주류와는 멀어져 있을지라도 독특하고 매력적인 문화 전통에 속해 있다는 사실을 깊이 일깨워 준다. 게다가 꿈 그물은 아주 예뻐서 모든 문화권에서 인기가 있다. 그래서 오래 전부터 무용복의 장식으로 자주 쓰였고 오두막 근처 나무에 달아 놓기도 했다.

교육 도구로 꿈 그물을 이용하기도 한다. 큰딸은 이모에게서 이것을 만드는 법을 배우며 한 발 더 나아가 나무에게 감사하는 법도 배웠다. 그들이 채집을 갔다 돌아올 때 문간에 들어서기도 전에 나는 창문 밖으로 머리를 내밀고

"나무에게 감사 인사는 했니?"

라고 물었던 기억이 있다. 그 말이 입에서 떨어지는 순간 쓸데없는 것까지 묻고 있는 나 자신을 의식하면서. 누가 들으면 정말 못 말린다고 했겠지.

"네에에에에!"

라는 대답에는 '어련히 알아서 할까 봐' 하는 불만이 잔뜩 묻어 있었다.

우리는 세이무라는 입담배를 채취하면 그것의 일부를 채취한 나무 밑둥에 저장해 둔다. 다른 사람에게 한 곳에서 너무 많이 따서는 안 된다는 것과 각각의 모든 작물이 소중한 자원이라는 사실을 상기시키기 위해서다. 또한 채취자인 내 아이가 자신이 광대한 생명고리의 일부이며, 그것을 누리는 특권과 책임을 동시에 지닌 아주 중요한 존재라는 사실을 명심해야 하기 때문이기도 하다.

꿈 그물 만드는 법을 가르치면서 전래의 중요한 생존기술을 아이들에게 전하고 있다는 사실을 인식하는 사람은 별로 없다. 꿈 그물은 아

이들에게 생존기술을 가르칠 때 이용할 수 있는 실례로서 언제 어디서 어떻게 알맞은 나무를 채취해서 어떤 방법으로 다듬어야 하는지 가르칠 수 있다. 아이들은 이것을 만들며 잔가지와 생가죽은 어떻게 채취하며 기름칠을 해서 끝손질은 어떻게 하는지 배우게 된다. 꿈 그물에는 비밀과 이야기가 담겨 있는 것이다. 틀을 엮고 짜는 꿈 그물을 만들 줄 알면 눈신발이나 낚싯줄, 다른 도구들은 물론 자그만 건물까지도 지을 수 있다.

오늘날에 와서 꿈 그물은 기념품에 불과한 존재가 되었지만 그것이 상식과 생존기술의 문화적 상징이라는 사실에는 의심의 여지가 없다. 장식품으로서의 가치도 인정하지만 눈이 무릎까지 쌓였을 때, 걸음마를 배우는 어린 아이들을 볼 때, 그 어린이들을 지켜 보는 어른들을 볼 때 나는 꿈 그물을 장식품 이상의 존재로 여기고 존경심을 갖는다.

옛날에는 긴 겨울의 끝자락에 얼음이 녹기 시작하는 시기가 되면 사람들이 과일이나 야채를 충분히 먹지 못해 병이 들곤 했다. 쌀이나 콩, 말린 과일을 넉넉히 비축하지 못했거나 그럴 능력이 없는 사람들이 병이 들었다. 사람들은 이 병이 나으려면 입이 작은 농어의 신선한 간을 먹어야 한다고 믿었다.

어느 해인가 심한 굶주림과 병에 시달리는 가족이 있었다. 영양실조에 걸려 그들은 도저히 살아 남기조차 힘들게 되었다. 그 집 가장은 아내와 딸들이 게을러서 집 안에 먹을 게 모자란다며 그들을 두들겨 패곤 했다. 집안 형편이 그 지경인데도 손님이 오면 좋

농어를 잡으러

은 소리 듣는 맛에 쓸데없이 많은 쌀이나 과일을 내놓곤 했던 것이다. 사실 고기며 생선, 땔감을 미리 준비해서 저장하지 못한 사람은 제일 게으른 그 사람 자신이었다. 이웃에선 일밖에 모르는 아내와 그 딸들이 그 남자의 난폭한 성질 때문에 두려움에 떠느라 많은 시간을 허비하지 않았더라면 더 많은 음식물을 저장해 놓을 수 있었을 것이라 믿었다. 게다가 그 자가 쌀을 몇 자루나 주고 정교한 장식의 곰 발톱 목걸이를 바꾸지만 않았어도 춥고 긴 겨울을 건강하게 날 수 있었을 거라고 생각했다. 뛰어난 사냥술과 리더십의 상징인 그 목걸이가 게으르기 짝이 없고 아내나 두들겨 패는 한심한 인간의 목에 걸려 있다는 사실을 두고 빈정대는 사람도 있었다.

그는 이따금 한낮에 아내 화롯불을 차지하고 있다가 몸을 일으켜 이웃집을 돌아다니며 가족들이 먹을 야채가 떨어졌느니, 농어의 신선한 간이 있으면 더할 나위 없겠다느니 하는 암시를 주곤 했다. 가족이 영양실조로 죽는 꼴을 보느니 자기가 먼저 죽겠다는 말을 덧붙이면서.

한동안 온 동네를 그렇게 돌아다니며 얻은 음식을 집으로 돌아가기 전에 혼자 전부 먹어치우는 짓을 반복했다. 더 이상 구걸할 이웃이 없어지자 그도 이젠 선택의 여지가 없었다. 아내와 자식을 굶겨 죽였다는 소리를 들을 수는 없었기에 그는 결국 농어의 간을 직접 구하러 나서는 수밖에 없었던 것이다. 시기적으로 농어란 녀석이 여간해선 잡힐 때가 아니어서 결코 만만한 일이 아니었다. 농어는 아직 깊은 물에 숨어 있으면서 아주 가끔 얕은 물로 산란할 장소를 찾아 나설 때였다. 해가 길어지고 구름 걷힌 맑은 날이 수 주일간 계속되어 추운 밤에도 얼음이 얼지 않는 경우가 많았다. 호수 가장자리의 얼음이 녹고 있었으므로 농어를 잡자면 얼음 낭떠러지를 건너는 위험을 감수해야만 했다.

처음 며칠간 그는 늘 그렇듯 느지막이 일어나 얕은 만의 가장 안전한 얼음 골에 숨어서 꼼짝 않고 시간만 죽이고 있었다. 어느 이웃이 나서서 식구를 다 굶겨 죽일 거냐고 하기 전에는 기껏해야 남의 눈이나 속이고 말았을 것이다. 어떤 사람들은 물속의 영혼 '미치가미가그'가 그를 더 얇은 얼음 쪽으로 유혹해 주기를 은근히 바라기도 했다.

하지만 이 한심하고 게으른 자를 얼음 낭떠러지로 꾀어낸 건 바로 농어였다. 농어는 여러 번 물 밖으로 뛰어올라 그자에게 자신을 보여주었다. 작은입 농어는 물이 너무 차면 굼뜨게 움직인다는 점을 감안할 때 농어의 노력은 대단한 것이었다. 결국 그자는 약이 올라 배를 깔고 얼음 가장자리로 기어갔다. 숨어서 그를 엿보던 이웃 사람들의 기쁨은 이때 최고조에 달했다.

몇 번 시도해 보다 그는 작살 쓰기를 포기하고 그물을 치러 물가로 돌아갔다. 그물을 짜고 손질하는 일은 원래 남자 몫이었지만 그 집은 아내와 딸들이 그 일을 해왔다. 그가 배를 깔고 엎드려 보고 있는 동안 농어는 계속 그물을 피해 다녔다. 다가왔다가도 날쌔게 피해 살짝 빠져나가면서 이 멍청한 낚시꾼을 실망시키며 약을 올리는 것이었다.

그러자 그물 손질이 잘못 되었다고 구시렁거리며 애꿎은 아내와 딸들을 탓하던 그는 곰 발톱 목걸이를 벗어 그 날카로운 발톱을 그물에 되는대로 엮었다. 그리고 작은 소리로

"여기에나 걸려들어라!"

하며 치명적인 덫을 지고는 솔잎차를 마시러 아내의 화롯가로 돌아가 다음 날이 되도록 내버려 두었다.

며칠이 지난 후, 곰 발톱이 입을 떡 벌리고 있는 그물에 늙은 송어가 걸려 있기를 바라며 씩씩거리고 간 그는 잡으려고 한 키다란 농어는 안 잡히고, 대신 알을 잔뜩 밴 녀석의 아내와 딸들이 그물에 걸려 있는 것을 보았다. 그는 날카로운 곰 발톱이 농어의 몸을 관통할 때까지 잔인하게 그물을 비틀었다. 그물을 물 밖으로 들어 올리자 얼음 가장자리로 피와 알이 떠올랐다. 물가로 안전하게 옮겨 앉은 그는 집으로 돌아가기 전에 생선의 배를 갈라 싱싱한 간을 일단 먹어치웠다. 그리고 집으로 돌아온 그는 남은 생선을 깨끗이 손질해서 요리하라고 아내에게 건네며 도움이 안 되는 식구를 거두려면 우선 가장인 자신이 건강해야 된다고 억지 변명을 늘어 놓았다.

다음 날, 그는 더 얇아진 얼음가로 가지 않았다. 호수의 얼음은 날이 갈수록 점점 얇아졌고 마을 사람들은 그자가 위험한 얼음가로 다시 한 번 갔으면 하고 지켜보았지만 정작 그곳에 간 사람은 그의 아내와 딸들이었다. 허구한 날 늦잠자는 그자가 일어나기 훨씬 전에 그들은 마을 사람 그 누구의 눈에도 띄지 않고 그곳에 갔다.

얼음은 얇았으나 물이 깊은 그곳에는 아내와 딸들을 잃어 복수심에 불타는 농어가 그들을 기다리고 있었다. 얼음 위로 그들의 그림자가 지나자 농어는 자신의 동지인 수중 괴물 '미치가미가그'와 함께 물을 차고 떠올랐다. 그 바람에 거센 남풍이 불어 닥치며 그녀들이 엎디어 있던 종잇장 같은 얼음판이 날아가 버렸다…. 이것은 마침 그 시간에 그 장면을 목격한 마을 사람들이 전한 얘기다.

그들 모녀는 농어의 자매가 되어 큰 농어와 함께 물 밑에 사는 초록 비늘 농어가 되었다고 한다. 더 이상 배를 곯지도 않고 거친 말을 들을 필요도 없으니 오히려 잘된 것이라고 마을 사람들은 말했다. 어떤 사람들은 이 일 때문에 그 자매 농어들이 복수심으로 낚시꾼을 물 밑으로 꾀어 아내와 아이들이 있는 뭍으로 돌아가지 못하게 했다고도 한다. 하지만 그녀들은 자신들을 죽음에 이르게 한 그 게으름뱅이를 꾀어낼 수 없었고 그자는 춥고 지저분한 오두막에서 혼자 살았다. 이리하여 그 마을에서 곰 발톱은 아녀자를 학대하고 무자비하게 대하는 상징이 되었다.

그 일로 인해 우리 오지브웨이 사람들간의 증오심이 처음 생겼다는 소문도 있다. 게으름은 그 자체로도 비난과 미움을 낳지만 끝없는 복수가 이어져 한층 악화되었다는 것이다.

오늘날 봄이 되면 우리는 물가에서 아내와 딸들을 잃어 극도의 혼란에 빠졌을 그 커다란 농어와 그의 영혼 친구들에게 노래를 부른다. 노래를 통해 곰 발톱 목걸이를 한 남자들은 그들의 수호신에게 자신들이 아내와 자식들을 부양할 수 있도록, 또 자신들의 선조가 입힌 상처와 무심함을 치유하는 능력을 갖게 해달라고 청원한다. 여자들은 거북이 등딱지를 흔들며 음악에 맞춰 무릎을 꿇는다. 물가의 두꺼운 얼음이 녹고 매끈한 호박돌과 조약돌이 드러나면서 이윽고 구슬만한 얼음이 호숫가에 찰랑거릴 때면 귓전을 흔드는 소리가 있다. '쉬쉬이, 쉬쉬이 쉬쉬이고난.…' 남자들은 남풍에 소원의 노래를 실어 보내고 먼 옛날 들려왔던 그 소리의 메아리 따라 얼음 알갱이들도 사라진다.

우리 이야기 속의 툭 튀어나온 모든 바위에는 '윈디구그'라는 사람 잡아먹는 괴물이 있다. 그들은 서쪽에서 오는데 엄청난 먹성에다 바람을 따라잡을 정도로 빨리 달린다. 정기적으로 그러나 눈치도 못 채게 나타나서 외딴 마을 사람을 잡아 먹곤 한다.

옛날 어느 동네에서 바보 같은 사람이 이 괴물에게 달리기 시합을 하자고 덤볐다. 그리고 시합 결과에 따라 사람이 이기면 윈디구그가 다시는 마을에 얼씬하지도 않고 사람을 잡아 먹지도 않는다는 것이고 사람이 지면 그 마을의 남녀노소를 불문하고 다 먹어 치운다는 것이었다.

얼음땡

결과는 뻔했다. 누가 바람 그 자체인 윈디구그보다 더 빨리 달릴 수 있겠는가? 아무도 초자연적 존재인 거인보다 빨리 달릴 수는 없었으니 결과는 뻔했다. 사람이 졌다. 무시무시한 윈디구그에 잡히지 않고 도망한 건 어린아이들뿐이었다. 그리고 어른이 딱 한 사람 있었으니, 지혜로운 우리 부족의 조상 할머니 '노코미스'였다. 할머니는 하루 온종일 겁에 질려 도망쳤던 불쌍한 아이들을 달래고 숨기며 먹여 주었다.

우리는 그 이야기에서 유래된 놀이를 하며 자랐다. 바쁜 어른들은 빼 버리고 우리는 달리고 또 달리며 도망치는 그 마을의 아이들이 되었다. 몇몇 큰 남자아이들은 윈디구그가 되고 나머지 아이들은 목숨 걸고 도망다니는 것이다. 잡히면 얼음!, 즉 그 자리에 꼼짝 말고 서야 한다, 공포에 얼어붙은 유령처럼. 대개는 제일 나이 많은 아이가 노코미스 역을 맡는다. 우리가 풀려나려면 조상 할머니가 먹을 것을 주거나 우리 몸에 손을 대야 한다. 우리의 얼음 상태를 풀어주려고 할머니 역을 맡은 아이는 정신없이 뛰어야 하는데, 줄줄이 붙어 있는 아이들 때문에 뛰는 속도가 느려지면 하는 수 없이 아이들을 잠시 밀어내기도 한다. 할머니 손을 놓친 아이는 윈디구그가 칠 수 있게 되고 괴물은 할머니를 뒤쫓을 수 있다.

결국 윈디구그가 지치거나 아이들이 모두 얼음 상태가 되어 다 잡아먹히거나 둘 중 하나가 되는데, 그렇지 않을 때에는 다음 날 계속하기로 하고 헤어지기도 한다.

영혼들을 불러내는 데 필요한 것은 사실 아주 커다란 암색 바위나 따뜻한 바람 한 자락이다.

'시사그왓Siisagwad'. 처음 이 단어를 보았을 때 나는 깜짝 놀랐다. 시각적으로는 별 특징이 없는 단어지만 귀에 익숙한 음악소리로 들린다. 시이이이사그왓. 이것은 소리를 표현하는 의성어로, 바람이 나무를 스치며 만드는 소리다.

시이이이이사그와아아왓. 허파에서 울려 나와 경의를 표하며 속삭이는 소리.

너댓 살 때쯤으로 기억되는 어느 이른 아침, 숙모 침대로 기어 들어간 적이 있다. 그다지 추운 날은 아니었던 것 같다. 추운 날이었다면 따뜻한 침대에 있던 부모님이나 형제들이 차가운 내 발 때문에 펄쩍 뛰며 소리를 질렀을 텐데 그날은 발을 침대 깊이 찔러 넣지 않고 얌전히 이불 속으로 들어 갔으니 말이다. 무슨 얘기를 하려고 침대에 일어나 앉았다가 나는 얼른 숨을 죽였다. 그때 들려오던 소리.

"들어봐요! 시이이이사그와아아왓. 오늘 아침은 다르게 들려요."

바람의 소리

따뜻한 봄날 밤, 소나무 가지가 수액을 빨아들인다. 하늘을 찌를 듯 뻗어 있던 겨울과 달리 무거워진 소나무 가지들은 창문 높이로 축 쳐져 있고, 추운 날 다닥다닥 붙어 있던 바늘 같은 솔잎사귀들은 지나가는 바람 줄기를 잡으려고 서로 벌어져 있다. 소생과 새 삶을 알리는 계절의 소리가 들린다. 한겨울 울부짖던 바람은 사라지고 부드러운 훈풍이 천지에 가득하다.

시사그왓, 그 바람은 열린 창으로 살며시 들어와 나를 등뒤에서 감싸 안고 다정한 소나무 가지 사이사이를 휘감아 돈다. 나는 밝아오는 희뿌연 아침 햇살 속에서 다람쥐들과 어울려 소나무 꼭대기를 춤추듯 이리저리 넘나들다 시사그왓에 실려 다시 따뜻한 침대 안 어른들의 포근한 손길로 미끄러지듯 돌아왔다.

집에도 소리가 있다. 정겹게 들려오는 쿵쿵 소리, 침대에서 미끄러져 나오면 '쿵' 하고 아침을 알리는 냉장고 여닫는 소리, '부스럭부스럭' 크래커 봉투 뜯는 소리, 그 소리를 좇아 주방으로 달려간다.

바람의 소리, 나는 그것을 당연한 것으로 여겼었다.

북쪽에서 자라는 그 성스러운 향초(香草, Sweetgrass-북미
에 자생하는 향기 나는 여러 식물을 가리킨다. 향기가 필요한 인디언들의 의식이나
일상용품에 쓰인다/역주)를 우리는 '윈구쉬' 라 부른다. 너무나 특별
하고 성스러운 것이어서 그 유래도 베일에 싸여 있고 누구도
감히 그 얘기를 꺼내지 않는다. 아이들이 따서 가지고 놀
때에도 짓밟아서는 안 되며 경외심을 가지고 다루라고
조용히 이르곤 한다.

"너희는 어머니 대지의 머리를 땋고 있는 거야. 이것

날리에게

은 아무 데고 다 있는 게 아니라 아주 특별한 곳에
서만 볼 수 있단다."

우리는 온갖 야생초 중에서도 가장 강하고 달콤
한 향을 가진 그 풀을 채집하려고 며칠씩 걸려 먼
곳까지 가기도 한다.

우리는 그 향기 나는 풀로 바구니를 만들거나 자작
나무 껍질의 가장자리를 대기도 하며 주름을 잡아 장
식도 한다. 그렇게 만든 것을 판매하는 것은 우리 민
족과 문화에 대한 배신 행위로 여기지만 예술가나 바구
니 공예가들은 전통을 이어가는 사람으로서 고유한 특권
이 있다. 우리는 아름다움을 만들어 사람들과 나눈다. 이
성스러운 식물을 채취하고 모양을 변화시켜 쓸모 있게 만들
도록 허락을 받은 특별한 소수에 해당하는 것이다.

옛날에는 식수를 정화시킬 때 향풀 바구니를 썼다고 하며 요즘
에도 이 풀을 태워 편두통 치료에 쓴다. 아침이면 풀의 그을음으로 하

루 재수를 점쳐 보는 사람도 있다. '키니기닉'이라는 담배풀의 특수
혼합종인 이 향풀을 우리는 보호 식물로 정해 놓고 있으며 정말 조심
스럽게 보존, 저장하며 외경심을 가지고 다룬다. 풀 한 잎도 허투루 쓰
지 않고 작은 조각이라도 태우는 동안에는 기도를 올린다. 서식지는
비밀에 부치며 잎을 따서 처리하고 보관하며 나누는 절차도 엄숙한 전
통 의식을 따라야 한다. 무더위 속에 벌레와 싸우며 갈가마귀의 소름
끼치는 울음소리와 머리 위를 맴도는 독수리의 위협을 견디며 풀을 뜯
다 보면 이 일이 정말 힘들다는 것을 절실히 느낀다. 잎을 딸 때는 반
드시 두 손으로 한 잎씩 따야 하고 그때마다 허리를 펴고 일어나 깨끗
이 닦아야 한다. 실수로 뿌리째 뽑았을 때는 조심스레 다시 심는다.

이제 이 성스럽고 향기로운 식물을 나눌 사람들의 명단을 만들어야
한다. 이렇게 풀을 뜯으러 오지 못하는 나이 드신 분들의 명단이다. 처
음 이곳에 온 이래 나는 사라져 가는 우리의 언어와 지식과 기술을 아
직도 간직하고 바구니를 짜는 나이 든 어르신들께 이 풀을 드리는 것
을 전통으로 하고 있다. 이렇게 소중하고 비밀스러운 일에는 책임이
따르게 마련이다.

큰딸이 발꿈치를 들고 조심스레 잎을 따고 있다. 저녁에 딸에게 수
고 많이 했지만 다른 사람들과 나누자고 말할 참이었는데 벌써 이 사
람 저 사람 이름을 대는 것을 보니 아이도 이미 그러기로 마음먹은 것
같다. 대견함에 가슴이 뿌듯해진다. 비밀스런 장소도 알려 주었고 공
경심도 갖추게 했으니 나는 내 몫의 일을 잘 해낸 것 같아 나 자신이
자랑스럽다. 나는 좋은 엄마이고 내 아이도 나만큼 좋은 딸이다.

딸에게 올해 필요한 양만큼 잘 싸서 치워두라고 한 다음 향기로운

풀숲에서 세 살배기 막내에게 젖을 먹인다. 말은 안 했지만 우리는 찰리 몫으로 따로 한 다발 만들기로 한다. 그가 이 전통이 선사하는 기쁨을 누릴 수 있도록 신선한 상태로 포장해서 빠른 우편으로 보내기로 했다, 지난 몇 년간 그렇게 했던 것처럼.

우리는 향초를 보관하는 절차를 하나하나 되짚어 본다. 딸은 그 내용을 찰리에게도 편지로 알릴 것이다. 딸이 이제는 그 순서를 다 외웠다는 걸 알지만 오늘 마지막으로 다시 한번 정리해 본다. 딸은 아주 어렸을 때부터 매년 내 곁에서 향초 보관하는 일을 지켜보며 도왔기에 이제 아이의 마음속에 그 전해온 지식이 한 다발로 안전하게 보존되어 있다는 것을 나는 확신한다.

찰리를 위해 만드는 다발은 해마다 커지고 있다. 그가 자신의 문화유산과 전통, 명예심으로부터 기만당하지 않고 있다는 것을 확신시켜 주려는 우리의 자존심이 걸려 있기 때문이다. 찰리의 향초 다발은 이미 만들어 놓은 것에서 나누지 않는다. 그래서 점점 커지고 있다. 새벽에 떠나 몇 시간 운전을 하고 땡볕에 젖먹이까지 안고 그 울퉁불퉁한 오솔길을 걸어 왔지만 우리는 기운을 다시 얻고 일을 한다. 향풀 한 잎 한 잎을 만질 때마다 우리는 찰리를 생각한다. 그 부드러운 음성과 인내심을, 아는 것을 다른 이와 나눌 줄 아는 그의 푸근한 마음과 참을성 많은 그의 아내를 우리는 기억한다. 아직 어린 내 딸이 제 셔츠를 벗어 사랑을 가득 담아 그 다발을 싼 다음 우리는 숲을 이리저리 지나 쓰러진 나무들을 뛰어 넘어 오솔길을 감출 수 있는 적절한 곳에서 떠난다. 기진맥진한 젖먹이가 날 빤히 보는 동안 나는 자동차 뒤로 난 우리 발자국을 없앤다. 찰리, 어머니날에 날 생각해 주려무나.

우리 할머니의 오라버니 레오나르도 할아버지가 사시는 호숫가의 작고 소박한 오두막에서 당밀쿠키 냄새가 나는 오후, 나와 사촌들에게 그날은 자라면서 통과해야 하는 일종의 의식이 벌어지는 날이었다. 오지브웨이 부족의 전통 극장이자 학교이며 배움터인 가족 공동체 행사에서 우리는 청중인 동시에 배우가 되어 그날의 첫 순서로 당밀쿠키를 받았다. 그런 다음, 몇 개 안 되는 의자를 서로 차지하려고 야단법석을 떨다가 반원으로 자리를 잡고 둘러앉는다. 그러면 그곳에 마술과 가면과 변형극이 있었다.

마나부주와 오리

당신이 '마나부주'인가요? 카아! 그럼 죽은 형제인 '치비아부주'인가요? 카아! 아니면 전혀 다른 이름의 영혼인가요? 카아! 카아! 카아! 그렇다면 누구란 말이에요? 나로 말할 것 같으면 큰곰 '치무콰'야!

그런 다음 털옷을 입은 삐쩍 마른 할아버지는 무늬가 단순한 자작나무 껍질 가면을 벗었다. 우리의 상상을 살짝 비껴가는 곰의 모습으로 할아버지는 거기 서 계셨다. 삐삐 마른 곰.

우선 나한테 무슨 일이 있었는지 말해 주지. 어느 늦가을, 나는 속이 텅 빈 나뭇등걸을 발견했단다. 뚱뚱하고 털북숭이인 내 커다란 몸이 쑥 들어갈 만한 그런 나뭇등걸이었어. 내 엄니는 반짝반짝 빛났고 불룩한 배는 갈색 빛을 띠고 있었지. 그 해 겨울잠을 자기에 좋을 만큼 영양을 섭취했거든. 블루베리는

많이 먹지 못했지만 크랜베리는 배불리 먹었지. 벌레도 황어도 실컷 먹었고 개울가로 나가 차가운 물을 따라 온 송어도 많이 잡았단다. 정말이지 난 엄청 뚱뚱했어.

그 맞춤 나뭇등걸에 들어가 처음에는 늘 그렇듯 빈둥거리며 놀았어. 튼튼한 단풍나무 등걸에는 긴 가지가 뻗어 있었고 거기에는 큰 옹이 구멍이 있었단다. 그 안에서 나는 차가운 겨울바람에도 끄떡 없는 행복한 곰이었지. 어느 날 몸을 웅크리고 막 잠을 자려던 참이었는데, 바로 그때 그 게을러 터지고 무능해빠진 멍청이, 마나부주가 날 깜짝 놀래킨 거야!

어떻게 했냐구?

잘 들어 봐. 모든 동물은 겨울나기를 하기 위해 살을 찌워야 한단다. 사람들도 겨울나기를 하려고 딸기며 말린 뿌리, 고기에 생선까지 온갖 음식을 구해서 저장하고 있었지. 아주 짧은 기간에 그 많은 것을 준비하느라 너나 할 것 없이 지치도록 열심히 일해야만 했단다. 특히 사람들은 수십 톤이나 되는 쌀을 모으느라 여간 힘든 게 아니었어. 쌀을 카누에 싣고 해안으로 옮기면 기다리던 사람들이 그걸 말리고 키질해서 한겨울을 대비해 잘 저장해 두었지. 쌀을 노리고 날아드는 오리와 물새까지 잡느라 모두가 정신없이 바빴단다, 마나부주 그 얼간이만 빼고. 마나부주는 반은 인간이라 종종 친척집에 얹혀 살았기 때문에 겨울에 먹을 식량을 충분히 비축해 두는 적이 거의 없었지.

어느 날 마나부주는 물 깊은 웅덩이에서 오리들을 놀리며 빈둥대고 있었단다. 생선조각만 보면 사족을 못 쓰는 오리에게 말라 비틀어진 송어껍질 한 조각을 주는 거야. 그런데 너무 딱딱해서 오리는 그 껍질을 소화시키지 못하고 배설하거든. 그러면 마나부주는 그걸 물 속에서 찾아내 다른 오리에게 주곤 하는 거였어. 그러기를 몇 주일이 되도록 지겨워하지도 않으면서 말이야. 그러다 물이 점점 차가워지니 오리를 놀리는 재미에도 불구하고 그는 더 이상 물 속에 들어가기가 싫어졌지.

그래서 그는 이렇게 머리를 굴렸단다. 물에 들어가지 않고 송어껍질을 줄에 매달아 오리가 삼키면 줄을 잡아당기는 거야. 참피나무 섬유질을 꼬아 만든 질긴 줄로 말이야. 그가 엮은 줄은 멍청이가 만든 것치고는 참 훌륭한 것이어서 보고 배울 만큼 대단한 발명품이라고 하는 사람들도 있었단다.

여기까지 말한 큰곰 치무콰는 긴 숨을 내쉰 다음 날카롭게 굽은 발톱으로 불룩한 배를 벅벅 긁었다.

하지만 마나부주는 역시 멍청했어. 자기 손에 잡은 줄이 어느 오리의 뱃속을 통과해서 또 다른 오리의 뱃속에 들어가 있으리라고는 생각도 못했으니 말이야. 첫째 오리도 웃기는 놈이었지만 두 번째 이하는 더 웃기는 놈들이었지. 마나부주는 자기의 비상한 머리로 다른 사람들처럼 힘들이지 않고 오리를 한 마리씩 모두 잡아 겨우내 필요한 오리고기를 말리고 냉동하게 되었다고 생각했겠지. 이제 줄만 잡아당기면 되는 거였어.

그런데 예민한 부리와 궁둥이에 걸린 줄을 잡아당기는 순간 줄로 연결된 오리들이 한꺼번에 날개와 발을 버둥대며 물을 차고 날아 올랐지 뭐니. 줄 하나에 엮인 오리 떼가 공중 비상을 하며 나무 꼭대기로 솟아오르는 판인데 아직도 줄을 쥐고 있던 멍청이는 어떻게 되었겠니? 당연히 오리 떼와 같이 날아 올랐지. '내 몸무게 때문에 도로 땅으로 떨어질 거야' 하면서 말이야. 결국 오리 떼는 마나부주를 저쪽 언덕으로 데리고 가버렸단다!

우리 눈길은 할아버지의 손가락을 따라 창 밖의 호수 후미를 가로질러 언덕에 머물렀다.

너희들은 거기에서 물고기를 사냥하는 나를 본 적이 있을 거야. 내가 어디서 겨울잠을 자려고 했지? 바람부는 언덕 저편에 있는 나뭇등걸 속이라는 건 다 알고 있지? 그렇다면 그 멍청이 마나부주가 오리가 줄줄이 엮인 그 줄을 어디쯤에서 놓쳤다고 생각하니? 바로 내가 겨울잠을 자고 있던 나뭇등걸 위였던 거야! 그 커다란 몸뚱이가 마치 바위처럼 떨어졌단다. 나뭇등걸에 붙어 있는 가지의 옹이구멍을 통해 엄청난 무게로 수직하강을 해서는 길고 아름다운 내 꼬리 위에 '쿵!' 하며 나가떨어지고 말았던 거야.

그게 누군지 내가 어떻게 알았겠니? 막 잠이 든 순간이기도 했지만 그게 멍청이 마나부주라는 걸 알았더라도 아니 들고양이였다고 해도 그 순간에는 겁이 났을 거야. 그래도 곰의 자존심상 내가

"크엉!"

하고 소리를 질렀더니 그 웃기는 마나부주가 비명을 지르며 한다는 말이

"들었지? 여기 무서운 괴물이 있나 봐. 얼른 도망가자!"

하는 거야. 기가 막혀서 다시 한번

"크엉!"

했더니 또 비명을 지르며 이번에는 내 그 훌륭한 겨울집 밖으로 내 등

을 막 떠미는 게 아니겠니? 나야 절대로 나가고 싶지 않았지! 그래서 또다시

"크엉!"

하고 소리를 질렀지만 그 멍청이는 계속 비명만 질러대는 거였어. 정말 미칠 노릇이었지!

나는 결국 어쩔 수가 없어서 뚱뚱한 몸을 겨우 움직여 그 아늑한 집 밖으로 나가려고 했어. 그랬더니 이번엔

"나만 두고 가면 안 돼!"

하고 소리를 지르며 두 손으로 내 꼬리를 꽉 움켜쥐는 거야. 밀고 당기는 실랑이 끝에 나는 겨우 밖으로 튀어나왔지만 그 녀석은 혼자 안에 제대로 갇히고 말았지. 순식간에 벌어진 일이라 나는 언덕을 반이나 넘어간 후에야 내 아름답고 긴 꼬리가 그때까지도 마나부주 손에 있다는 걸 알았단다. 그래서 내가 지금 토끼새끼처럼 볼품없는 꼬리를 달고 있게 된 거야. 정말 창피한 일이지.

토끼 얘기가 나왔으니 말인데, 멍청한 마나부주는 너무나 놀라고 겁에 질린 나머지 자기가 원하는 모습으로 변신할 수 있다는 것도 깜빡 잊고 있다가 마침내 비명을 멈추고 "나도 같이 가!"하면서 토끼로 변한 다음 나뭇등걸에서 깡충거리며 빠져 나왔어. 아름다운 내 꼬리를 거기다가 두고 말이야. 올 여름에 저 언덕 너머에서 혹시 그 나뭇등걸을 보게 되거든 내 꼬리털이라도 남아 있는지 한번 살펴봐라.

그랬었다, 쿠키와 함께….

우리가 사는 섬의 북쪽과 서쪽에는 슈피리어 호수 북동 호숫가의 가간투아 곶 주변에 여러 섬들이 흩어져 있다. 이들 작은 섬 곳곳에는 '프라이 팬'이라고 불리는 화산암 여울목들이 물에 잠길 듯 말 듯 둘러 싸고 있어 조금만 파도가 일어도 기름이 튀듯 하얗게 거품이 일곤 한다. 이 곳은 드넓은 슈피리어 호수를 향해 막힘이 없어 보이지만 섬과 여울목들이 둘러쳐져 있어 둘러보기가 만만치 않다. 물길이 워낙 꾸불꾸불 굽어 있어 예측불허다. 호숫가에 있는 바위

악마의 의자

바로 앞의 수심이 30미터나 되기도 하고 바위에서 좀더 떨어져 안전할 것 같아 보이는 곳이 실제로는 아주 위험할 수도 있다. 딕 아저씨 덕분에 우리 부부는 가장 안전한 물길을 알 수 있었고, 그 지역 인디언 어부들을 따라다니면서 물길을 외웠다. 요즘 말로 '예인선 수로'에 해당하는 이 물길의 깊이는 큰 어선은 물론 심지어 유람선까지 다닐 수 있을 만큼 넉넉하다.

위험이 따르긴 했어도 '예인선 수로'는 우리 조상들에게 엄청난 보답을 안겨 주었다. 이 거대한 호수는 빙하의 침식으로 거칠어진 호수 기슭을 수천 년에 걸쳐 말끔하게 다듬어 주었다. 그 덕분에 구리며 흑요석, 화살촉에 쓰이는 질 좋은 규질암, 홍점토, 석간주(붉은 물감 재료) 등 온갖 귀중한 광물들이 땅 위로 드러났고, 이들은 인디언들에게 훌륭한 교역 물품이 되었다. 게다가 물고기도 풍부하다. 비록 오대

호가 세인트로렌스 해로와 연결되어 외래 어종들이 밀려들고, 송어와 철갑상어를 상업적으로 남획하는 바람에 고기잡이가 예전만은 못하지만, 이곳은 훌륭한 어장의 조건을 갖추고 있다. 20세기 초만 해도 심지어 우리 할머니까지 고기를 잡으러 통통배를 타고 이곳을 찾을 정도였다. 할머니의 무모함은 카누로 해안선을 누비고 다닌 것이나 다를 바 없었지만 말이다.

예인선 수로의 북쪽 수문 입구에는 마나부주가 지구상에서 가장 큰 담수호를 굽어 보며 물속에서 쉬고 있다. 이 마나부주 상은 큰 카누에 모피를 가득 싣고 미치피코텐 항에서 북쪽을 오가며 무역하던 초기 항해자들이 바위에 새긴 것이다. 역사의 어느 시기에 누군가가 '앉아 있는' 이라는 말을 '의자' 로 잘못 해석해 버렸다. 예수회 선교사들이 그렇게 했다고 알려지고 있다. 그들은 무슨 이유에서인지 비기독교적인 오지브웨이 부속 신앙을 인급할 때면 어김없이 '악마' 라는 표현을 앞에다 붙였다. '앉아 있는 마나부주' 가 '악마의 의자' 라는 이름을 갖게 된 것도 그 때문이다. '악마의 프라이팬', '아마의 창고' 도 마찬가지다. 악마의 이것, 악마의 저것, 이도 모자라 심지어 악마의 자식들이란 말까지 했다. 우리는 별로 아랑곳하지 않지만 말이다.

마나부주는 악마와는 거리가 멀다. 반은 인간이고 반은 영혼인 마나부주는 훌륭한 스승이다. 근면과 게으름을 동시에 지닌 실수 투성이 바보이기도 하지만 익살맞고 사랑스러운 존재다. 그에 관한 이야기는 셀 수 없이 많다. 우리가 인디언이라서 좋은 점 중 하나는 뭔가를 배우는 과정에서 실수를 하지 않아도 되는 것이라고 말한다. 마나부주가 우리 대신 실수를 해주기 때문이다.

어느 날 마나부주는 큰 호수가 내려다 보이는 언덕의 모닥불 가에 앉아 있었다. 언덕 위에서 반대 방향으로 흘러내리는 두 줄기 샛강이 있었는데 하나는 약간 남쪽으로, 다른 하나는 북쪽으로 향하다가 결국 엔 둘 다 슈피리어 호수로 흘러 든다. 오늘날 이 샛강은 비버들이 곳곳 에 막은 비버댐 때문에 슈피리어 호수로 흘러들기까지 고속도로의 톨 게이트 같은 깊고 구불구불한 호수들을 거쳐야 한다.

언덕에 앉아 있는 마나부주의 눈에 저 아래 얕은 물에서 뭔가 먹고 있는 오리 떼가 보였다. 살진 오리 열다섯 마리와 강오리 한 마리였 다. 오리는 저 홀로 생각이 없이 단체 행동을 하는 경향이 있다. 오리 세 마리가 물을 마시고 있다면 '저 세 마리 가운데 어느 한 녀석만 목 이 마르군' 하고 생각하면 틀림없다. 그런고로 마나부주는 오리를 꼬 이기 위해 소리를 질러 오리를 모두 놀라게 할 필요가 없었다. 무리 중 한두 마리만 들릴 정도로 속삭여서 언덕으로 올라오게 하면 나머 지 오리들은 저절로 따라 온다는 사실을 알고 있었다. 강오리는 맛도 없으므로 오든 말든 상관없었다. 저 아래 바위투성이 물가로 내려가 는 것도 여간 성가신 일이 아니었다. 마나부주는 '저 녀석들을 한꺼 번에 모닥불로 몰아 올 수 있으면 정말 끝내줄 텐데…' 하고 머리를 굴 렸다.

"어이. 여보게!"

마나부주는 미소를 지으며 오리를 불렀다.

"이리 와 봐. 뭐 줄 게 있어."

그는 될 수 있는 대로 몸을 움직이지 않으려고 애쓰며 고개만 살짝 움직여 보였다.

"이리로들 올라와. 내가 아주 멋진 새 노래와 춤을 가르쳐 줄게."

손을 주머니에 찌른 채 그는 아랫입술로 올라오라는 신호를 하며 태연하게 보이려 애썼다.

"여기 언덕으로 올라들 와 봐. 재미있을 거야."

강가에 가장 가까이 있던 오리 한 마리의 주의를 끌자 오리들은 중얼거리며 줄을 맞춰 어기적어기적 언덕을 올라왔다. 마나부주는 천천히 참을성 있게 언덕 위로 오리 떼를 유도했다. 길게 늘어서서 올라오는 오리 떼 뒤에는 강오리가 한 마리 따라왔다. '그렇지, 줄을 서야지. 훌륭해. 이게 바로 줄 맞춰 추는 춤이야. 앞만 따라 하면 된단다.'

"그래, 줄을 잘 맞춰야지. 아주 좋아."

마나부주는 오리들이 놀라지 않도록 조금씩 몸을 흔들어 모닥불 가로 원을 그리며 움직이기 시작했다.

"이 노래는 북도 필요 없어."

마나부주는 손바닥으로 허벅지를 치며 부드럽게 박자를 맞췄다. 오리를 잡으려면 손을 비워둬야겠다고 생각하며 이렇게 속삭였다.

"이 춤은 숲에서 들리는 시사그왓 바람 소리하고 호수의 웨웨야쉬가우 파도 소리에 맞춰 추는 거야. 들어 봐. 들리지? 안 들려? 그럼 눈을 감고 들어 봐. 계속 원을 돌면서 말이야. 정말 아름다운 소리지? 눈 뜨면 안 돼. 지금 눈을 뜨면 눈이 빨개져서 친구들이 싫어하게 될 거야."

마나부주가 박자를 맞추기 시작하자 오리발들이 한꺼번에 철퍼덕거리는 바람에 소란스러웠다. 하지만 마나부주에게는 여간 군침이 도는 야단법석이 아니었다. 오리들이 발맞춰 빙글빙글 돌아가자 마나부주는 조용히 부드럽게 콧노래를 부르기 시작했다. 그러다 눈 감은 오리 뒤로 다가가 콧노래 소리를 높여 오리가 퍼덕거리는 소리를 감추며 한 마리씩 잡아 목을 비틀었다. 또 살진 오리들을 불가에 던질 때에는 '쿵' 하는 소리를 감추려고

"헤이야!"

하고 큰 소리를 질렀다.

물새들 가운데 오리보다 더 붙임성이 많은 것이 강오리다. 오지랖이 넓어서 다른 강오리들 일에 관심이 많고 참견도 잘한다. 이 강오리가 결국 마나부주의 일을 그르치고 말았다. 노래를 하는 마나부주에게 이 녀석은 계속해서 이게 뭐 하는 거냐고 물었고 마나부주는 계속 조용히 하라고 주의를 주었다. 그러더니 더 이상 참지 못하고 눈을 뜨고 말았다. 그래서 강오리의 눈은 빨개졌고 오늘날 오리들에게 따돌림 당하게 된 것이다.

"맙소사! 우릴 죽이려는 거야. 잡아 먹으려 한다구!"

강오리가 소리를 지르자 남은 오리들이 꽁지 빠지게 도망쳤다.

"웃기지 마. 어차피 널 잡아 먹을 생각은 없었어. 맛대가리도 없는 놈이…."

마나부주는 이렇게 투덜거리며

"그래, 갈 테면 가. 이만해도 먹을 건 충분하니까!"

라고 소리쳤다.

오리털을 뽑는 것도 여간 일이 아니다. 우선 몸통의 털을 뽑은 다음 부드러운 잔털은 불에 살짝 그을려야 없어진다. 야외에서 장작불로 해 먹는 전통 오리요리는 두 발은 손잡이로 쓰게 놔 두고 몸통을 부들뿌

리와 양파로 채워 은근하게 타는 잉걸불 속에 넣어 익히는 것이다. 장작더미 밖으로 원을 그리며 삐죽 나와 있는 오리발은 참 재미있는 볼거리다.

이렇게 일을 끝낸 마나부주는 피곤함이 몰려와 타는 불꽃을 바라보며 누웠다. 장작불의 열기로 눈꺼풀이 무거워지자 그는 등에 온기를 쬐려고 돌아누웠다. 살집 많은 오리고기라서 잘 지켜봐야 한다는 것을 명심하며 그는 자기 등짝에게 잘 지켜보라고 이르고는 스르르 잠이 들었다.

까마귀는 일찍 잠자리에 드는 새가 아닌데 사람들은 까마귀 소리를 듣고 곧잘 잠이 들곤 한다. 마나부주도 그랬다. 죽은 것이든 산 것이든, 익혔거나 날 것이나 상관없이 보이는 대로 먹어치우는 까마귀와 갈가마귀가 이 광경을 보았다. 절호의 기회를 잡은 두 녀석은 친척들까지 불러 모았다. 마나부주는 잠이 드는 바람에 도둑을 맞고 말았다. 깨끗하게 뜯어 먹고 남은 뼈다귀들을 불 속에 다시 던져 넣은 다음 도둑놈들은 장난까지 쳤다. 달랑 남은 오리발들을 아무 일도 없었던 것처럼 장작불 주위에 빙 둘러 꽂아 놓았던 것이다.

눈을 뜬 마나부주는 몸을 굴려 일어나며 입맛을 다셨다. 기름이 자르르 흐르는 살진 오리고기를 먹을 생각에 절로 입안에 침이 가득 고였다. 코앞의 오리발을 하나 힘주어 빼들었지만 그는 뒤로 나동그라지고 말았다. 왜냐하면 그 발에는 아무것도 달려 있지 않으니까. 계속 하나씩 빼 보았지만 몸통은 없고 발만 달랑 남은 것을 확인하자 마나부주는 이만저만 실망한 게 아니었다.

그렇지만 도둑맞았다는 생각은 꿈에도 못 한 마나부주는 고개를 돌려 자기 등짝을 나무랐다.

"이 바보야! 불을 잘 보고 있으라고 했는데, 뭐 했어? 오리를 다 태
워 버리면 어떡하냐고?"

숯이 되어버린 뼈다귀 냄새만이 코를 찌를 뿐이었다.

마나부주는 그 와중에도 '잿더미에서 엉덩이 차기 춤'이라는 새로
운 춤을 개발했다. 오리발과 장작불을 한 군데로 모아 놓고 달구어진
돌멩이와 꺼져가는 장작불 주위를 둥글게 돌면서 춤을 추었다. 한 번,
두 번, 세 번, 네 번까지 돌면 성공이다. 참는 자에게 복이 온다니까.
마나부주는 공중으로 뛰어올라 몸을 비틀며 뒷발길질로 자기 엉덩이
를 차는 데 성공했다. 그러나 그 동작을 마치고 내려오다 그만 장작불
을 밟는 바람에 문제가 생겼다. 모카신을 신고 있던 마나부주의 발에
불타는 장작이 살짝 튕겨졌고 불꽃이 튀어 그의 엉덩이에 옮겨 붙고
말았다.

멍청이 마나부주는 가파른 산을 타고 흘러내리는 물줄기가 급류나
폭포를 만났을 때의 굉음과도 같은 단말마의 비명을 지르며 북쪽으로
구르듯 내려갔다. 한달음에 껑충 뛰어 언덕 아래 깊은 강물 속으로 들
어가 털썩 주저앉아 불을 껐다. 오늘날 붉은 버드나무같이 강가에 자
라는 식물들이 밝은 빨강과 노랑색을 띠는 것은 마나부주가 호수를 향
해 허겁지겁 내리막을 질주하다 미끌어질 때의 불꽃 꼬리를 닮은 것이
다. 그리고 비버댐 아래쪽에는 커다란 미끄럼 자국이 기념비로 남아
있다.

'치시시이이식!' 하는 소리가 들리면 우리는 오늘도 '아, 마나부주가
저기 앉아 있군' 하고 여긴다. 북쪽에서 카누나 보트를 타고 내려오다

보면 그곳에 앉아 있는 마나부주를 쉽게 볼 수 있다. 물 밖으로 비스듬히 튀어나온 그 우습게 생긴 커다란 발과 주먹이 보이고 '이제 살았다!' 하며 뒤로 젖혀진 얼굴도 보인다. 호수가 허락하는 한 그는 오래오래 그곳에서 쉬고 있을 것이다. 마나부주가 악마라고? 정말?

슈피리어 호숫가 가간투아 곶의 '악마의 의자' 라는 석상
에는 여러 가지 이야기가 전해 온다. 그 중 하나가 '나나부시' 라는
영혼에 대한 것이다. 나나부시는 슈피리어 호수를 서쪽에서 동
쪽으로 단숨에 건너 뛰곤 했는데, 그런 다음 이 석상에 앉아
숨을 고르며 또 한 번 해냈다는 성취감에 젖어 자신이 건
너온 호수 반대편을 만족스레 바라보는 것이었다.

반은 인간이고 반은 영혼인 나나부시는 인간으로서
는 할 수 없는 많은 놀라운 일을 했다. 하지만 어머

그림 그리기 좋은 날

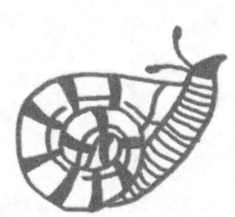

니가 인간이어서 그런지 인간적 실수도 많이 저질
렀고 결점도 많았다. 그가 얼마나 멋진 일을 해냈
던, 그런 재주를 부리느라 얼마나 힘들었던, 또는
그 과정에서 얼마나 실수를 저질렀던지 간에 나나
부시는 떠벌리기를 즐기는 허풍선이였다. 허풍선
이들이 대개 그렇듯 나나부시도 거짓말이 탄로날
까 봐 아무에게나 허풍을 떨지는 않았다. 직접 목
격한 사람은 피하고 자신의 말에 넘어가 줄 사람을
골라 떠벌렸던 것이다.

나나부시가 호수를 건너뛰고 쉬던 곳 가까이에 바위
섬이 있었는데, 기운이 빠진 나나부시가 휴식하기에 안
성맞춤이었다. 그 바위섬 기슭에 커다란 흑요석 바위가 튀
어나와 있어 나나부시는 주춧돌이나 화살촉을 만들 때 쓰려
고 돌 조각을 떼내곤 했다.

때로 호수의 수위가 아주 낮아진다거나, 마치 커다란 대야의 물이

기울 듯 갑자기 수면이 요동을 칠 때면 호수에 잠겨 있던 반질반질하고 편평한 바위가 물 위로 드러나곤 했다. 그렇게 드러난 넓은 바위는 떠버리 나나부시에게 허풍을 떨 좋은 기회를 만들어 주었다. 그는 모기나 파리가 달려들지 못하게 얼굴에 바르는 머드팩을 만들기 위해 붉은 황토를 가죽옷 속에 늘 지니고 다녔다. 마침 철갑상어도 배불리 먹고 난 터라 상어의 연골을 버린 곳도 잘 기억하고 있었다. 그는 붉은 황토와 연골을 이용해 끈적끈적한 페인트 한 통을 순식간에 만들었다.

떠벌리고 싶고 주체할 수 없는 자만심에 빠져 있던 나나부시는 호수를 건너 뛴 자신의 업적을 후손에 알리지 않는다면 그것이야말로 진정 부끄러워해야 할 일이라고 생각했다. 게다가 보는 사람도 없는 외딴 바위섬에서 자신의 모험을 약간 근사하게 고친다고 누가 알겠나 싶었다. 양념처럼 약간 스릴을 첨가해서 그 순간을 더 재미있게 부풀린들 아무 일도 없을 것으로 여겼다. 더군다나 사람들은 언제나 자신에게 무언가 큰 것을 기대하고 있었고, 나나부시는 영웅이 되기 위해 우리 부족의 이야기를 끌어들였다. 무언가 근사한 이야기가 필요했던 것이다.

그림을 그리기에 더할 나위 없는 날이었다. 바위는 햇볕에 알맞게 달궈졌고, 머리 위를 맴돌며 겁을 주는 큰 독수리들도 없었으며 호수는 잔물결도 없이 잔잔했다. 그림을 그리는 자기 모습이 물에 비쳤다. 수면에 흔들린 모습 때문인지, 상상을 그렇게 해서 그런지 몰라도 나나부시는 자신이 훨씬 더 커지고 용감해진 것처럼 생각되었다.

나나부시가 그린 그림의 내용이 터무니없이 어리석은 것이었다고 말하는 사람들도 있다. 최소한 다른 영혼들에게 피해를 주지 않도록 주의를 했어야 했는데도 이를 망각한 채 자신만 명석하고 강하며 모든 면에 월등한 존재로 그려 놓았다는 것이다. 어떤 영혼도 일단 그려지면 영원히 변치 않고 남을 엉터리 내용의 그림을 보고 가만 있을 리가 만무했다.

잠잠하다가도 언제 바뀔지 모르는 것이 슈피리어 호수의 날씨다. 며칠이나 둘러보지 못했다는 생각에 큰 독수리들이 섬들을 찬찬히 살피기 위해 날개를 한껏 펼쳤다. 나나부시를 발견하고 한동안 멀리서 지켜보던 큰 독수리들은 도대체 무슨 엉뚱한 짓을 벌이고 있는지가 궁금해졌다. 웅크리고 앉아 무얼 하는 것일까? 큰 독수리들은 소리를 죽인 채 나나부시 가까이로 다가갔다.

어, 어…. 까마귀들이 그렇게 귀엽다고? 곰 이야기도 근사하고, 뭐야? 미련한 곰이 잘도 그렇게 했겠다. 늑대란 무식하고 어리석은 놈인데, 안 그래?

잠깐! 그냥 웃어 넘길 일이 아니네. 독수리 부리가 저렇게 크고 구부러졌다고? 이런 버릇 없는 놈 같으니!

화가 치민 큰 독수리들이 날개를 퍼덕이기 시작했다. 아래 암반에 붉은 색으로 그려 놓은 무례한 내용의 그림을 하나씩 볼수록 더욱 화가 치밀었고 큰 독수리들의 날갯짓은 점점 더 거칠어졌다. 나나부시가 큰 독수리들을 완전히 바보로 그려 놓은 것이다. 자기를 멋있게 보이게 하려고 양념을 친다는 것이 완전히 날조해 버린 거였다.

큰 독수리들의 날개가 분노로 떨렸다. 슈피리어 호수에서 늘 그러하듯 느닷없는 광풍이 휘몰아쳤다. 하늘이 캄캄해지면서 큰 독수리들을 화나게 만든 그림들을 지워버릴 기세로 장대비가 바위섬에 쏟아졌다.

그림의 아교질 페인트는 햇볕에 마를 새가 없었고 나나부시의 날조된 그림은 바위에 새겨질 틈이 없었다. 결국 후손들이 나나부시의 엉터리 그림을 사실로 믿어버리는 실수를 하지 않게 된 셈이다.

이렇게 해서 나나부시의 이야기와 그림은 흐릿하고 미완성인 채로 남게 되었다. 물론 그림은 여전히 그곳에 있다. 호수의 수위가 낮아지거나 호수가 거울처럼 잔잔한 날이면 나는 그곳으로 가서 그 이야기를 짜 맞추어 보곤 한다. 나나부시의 자화상과 더불어 수달이며, 큰 물고기며, 큰 독수리들을 볼 수 있다. 나나부시가 경솔하게 자만에 빠지지만 않았더라도 큰 독수리들은 사실에서 크게 벗어나지 않은 그림들을 그대로 두면서 눈감아 주었을지도 모른다. 하지만 이 모든 일들이 이해가 된다는 생각이 들다가도 자신들을 조롱하는 그림을 그렸다고 욱해서 앞뒤 안 가리고 달려드는 큰 독수리를 떠올릴 때면 갑자기 나는 등골이 오싹해지는 느낌을 지울 수 없다.

나는 '니믹 니직'에 대한 이런저런 이야기를 들으며 자랐다. 니믹 니직은 '수달 니믹'이라는 뜻인데 영어로는 그저 그렇지만 오지브웨이 부족말로는 배꼽 빠질 만큼 웃기는 뜻이다. 니믹 니직은 수피 살레스가 TV용으로 만든 손 인형극의 두 캐릭터 '하얀 송곳니'와 '까만 이빨'이랑 많이 닮았다. 니믹은 처음엔 그다지 돋보이지 않지만 이야기가 전개될수록 진정한 주인공으로 자리잡는다.

니믹 니직

나는 지금 어른의 눈으로 니믹 니직을 관찰한다. 어른의 눈으로 보면 어릴 때는 보이지 않던 수달의 행동들이 새롭게 눈에 들어오게 된다. 수달을 보면 볼수록 보다 많은 것을 이해할 수 있다. 예컨대 수달은 사람과 달리 나이를 먹고 경험이 쌓인다고 성숙해지지 않는다는 사실도 그런 것이다. 니믹은 춤을 뜻하는 인디언의 말과 발음이 같은데, 녀석이 뛰어난 춤꾼이라는 점을 알면 고개가 절로 끄떡여진다.

니믹 니직은 우리 집 근처 호수에서 형제들과 살고 있다. 이 녀석들은 몇 년 전에 주인이 버리고 떠난 호수 위의 비버 집에 들어가 제 집으로 삼았다. 카누를 타고 낚시를 할 때면 가끔씩 녀석들은 요란한 소리를 내며 내 주변으로 모여들곤 한다. 오늘의 먹이 사냥에 대해 토론이라도 벌이듯 서로 가르랑거리는 까닭에 소리만으로도 녀석들이 다가오는 것을 알 수 있다. 녀석들은 나를 보고도 머리를 이리저리 돌리며 마치 나라는 존재에 관심도 없다는 듯 자기들끼리 떠든다. 내가 말을 걸기라도 하면 그 조그만 귀를 쫑긋하며 잠시 조용히 할 뿐이다.

니믹은 아주 용감한 녀석이다. 내가 타고 있는 카누의 2~3미터 앞까지 다가와선 물 위로 몸을 3분의 2 가까이 드러나도록 솟구치기도 한다. 멋지게 보이고 싶다는 뜻일 터이다. 이 녀석들이 가까이 있을 때는 낚싯줄에 고기가 걸리면 잽싸게 끌어 올려야 한다. 그냥 두었다가는 생선에 눈이 먼 이 녀석들이 카누까지 통째로 끌고 갈지도 모르기 때문이다.

"에비, 니믹, 남의 저녁거리에 침 흘리면 안 되지!"

니믹 삼형제는 갑각류를 잡아 자박자박 씹으며 지칠 때까지 물에 들어갔다 나왔다 하며 자맥질을 한다. 자기네끼리 하던 얘기를 계속하며 나는 안중에도 없다는 듯 모른 척하면서 말이다.

니믹은 때로 뭍으로 나를 찾아오기노 한다. 대개 저녁에 생선을 먹은 다음 날이면 야외 탁자 아래서 그 녀석의 발자국을 볼 수 있다. 나는 아이들에게 낚시를 해서 잡은 물고기를 꿰는 줄을 깨끗이 씻어서 니믹이 손대지 못하도록 높은 빨랫줄에 걸어 두라고 늘 당부한다. 하지만 아이들은 씻기만 하고 빨랫줄에 거는 것을 잊고 야외 탁자 위에 두기 일쑤다. 그런 밤이면 어김없이 니믹이 찾아와 그 줄을 막대사탕처럼 빨다가는 탁자 구멍을 통해 모래 바닥으로 끌어내려 놓곤 한다. 어떤 때는 물고기 꿰는 줄이 무슨 안전 담요라도 되는 양 니믹은 그 옆에서 잠이 든다. 다음 날 아침까지 잠자던 니믹은 내가 커피잔을 들고 순록을 보려고 문을 여는 소리에 화들짝 놀라 도망치곤 한다. 니믹은 대체로 내가 쉽게 당겨 올릴 수 있게 그 줄의 끝을 식탁 위에 걸쳐 놓는다. 하지만 그러지 않았을 땐 막대기로 그 줄을 낚아 올리는 품을 들여야만 한다.

"니믹, 장난감을 좀 바꾸면 안 되겠니?"

내 얼굴에 미소가 번진다.

우리 집 현관의 처마 밑에서 쿨쿨 자고 있는 수달 니믹에게 갈매기가 묻는다.

"날씨가 이렇게 좋은데 왜 잠만 자고 있니? 물이 아주 잔잔해서 물밑의 작은 피라미까지 다 보여. 지금이 잡아 먹기에 딱이야."

"지금은 싫어."

니믹은 투덜투덜 돌아누우며 입맛을 다셨다. 간밤에 물고기 꿰는 줄을 빤 탓에 고약한 생선 냄새가 났다.

"정말이야, 물이 얼마나 잔잔한지 거울처럼 다 들여다 보인다니까."

이렇게 좋은 날
잠이나 자다니

갈매기가 계속 쫑알거렸다.

"세상에, 부리에 고리를 한 저 아름다운 새가 누구지?"

물에 어린 제 모습을 두고 갈매기가 농담까지 했다.

비오리들이 헛기침을 하며 끼어들었다. 비오리 세 마리는 갈매기의 농담이 마음에 들지 않는 듯 동시에 얼굴을 물 속으로 집어넣었다. 이내 머리를 내밀고 잡은 물고기를 삼키며 비오리 한 마리가 정색을 하고 말했다.

"니믹, 이래도 계속 잔다면 너는 정말 멍청이야. 왕새우가 지천에 깔렸어. 머리만 물 속에 넣으면 된다고. 누워서 떡 먹기란 말이야."

호수 안쪽에 있던 강오리 한 마리가 어깨 너머로 힐끗 보며 한 마디 거들었다.

"니믹, 저 얕은 여울가에선 가마우지들이 이미 배불리 먹었어. 가마우지들은 벌써 날개를 펼쳐 말리면서 소화시키고 있는 중이란 말이다. 태풍이라도 오면 어떡할래? 늦기 전에 먹을 것을 챙기라고, 이 못 말리는 굼벵이야."

니믹 니직은 귀찮은 듯 꼬리를 바닥에 내려치며 다시 돌아누웠다. 코에 묻은 모래를 털어내며 싫어 죽겠다는 듯 하품을 했다. 물새들은 현관 처마 밑을 벗어나지 못하는 녀석을 보고 한 마디씩 한다.

"잠꾸러기!"

갈매기가 소리쳤다.

"바보!"

비오리가 쫑알거렸다.

"느림~보~."

강오리는 비아냥거리듯 놀렸다.

오전 열 시쯤 호수의 수면이 출렁인다 싶더니 정오가 되자 물결이 일기 시작했다. 늦은 오후가 되자 물새들은 안전한 곳으로 피신하길 잘했다며 자화자찬을 늘어놓았다. 이런 거친 날씨에 물가로 나가는 모험을 하지도 않겠지만 그렇다고 니믹처럼 처마 밑에 쭈그리고 앉아 굶고 있지도 않을 것이라면서.

나는 삼킬 듯 몰아치는 큰 파도를 보면서 물살에 밀려 호숫가에 아무렇게나 내동댕이쳐진 큰 새우 신세가 아닌 것을 천만다행으로 여기고 있었다. 그때 기슭 가까운 물에 검은 점 같은 것이 보였다. 미처 피하지 못한 가엾은 오리인 줄 알았는데 다름아닌 니믹 니직이 아닌가? 녀석은 부서지는 파도를 타고 놀며 자기가 제일 좋아하는 음식을 즐기고 있었다. 사나운 파도에 얼이 빠진 왕새우들이 하나 둘씩 녀석의 입 속에서 아작아작 씹히고 있었던 것이다. 니믹, 물갈퀴 달린 발과 길고 힘 좋은 꼬리로 험난한 파도와 맞섰다 이거지? 만면에 웃음을 띤 채 파도를 타고 춤을 추며 한껏 행복하게 말이지.

다른 물새들이 어디에선가 그를 바보라며 쑥덕거리고 있을 때 니믹은 흥에 겨워 혼잣말을 했다.

"왜들 난리지? 큰 힘 들이지 않고도 이렇게 맛있게 먹을 수 있는 걸 가지고. 아이고, 맛있다!"

호수도 잔잔하고 참으로 고요한 아침이었다. 마나부주가 블루베리 오두막 앞의 바위 둔덕으로 카누를 끌어 올릴 때 아니나 다를까 명랑하고 호기심 많은 밍크가 튀어나왔다.

"하, 당신이군요. 집이 이렇게 큰 걸로 봐서 대단한 부자인가 봐요?"

"들어와, 밍크. 여긴 쥐가 많아. 배불리 먹게 될 거야."

"혼자 올 때가 많은데, 혼자 사는 집이 왜 이렇게 커요? 엄청 부자예요?"

겉만 보고 어떻게 알겠어요

"여기에 혼자 오는 건 혼자 있고 싶어서야, 이 멍청한 떠버리 밍크야. 오늘은 사람들이 오기 전에 누군가 쥐똥을 치워야 해. 그리고 집이 이렇게 큰 것은 친척들이 많아서 그런 거고. 사람들이 곧 도착할 거야. 블루베리 오두막은 여기가 최고거든. 지금이 수확철이니까 한 해 먹을 것을 따려면 사람 손이 많이 필요해. 가족이 한꺼번에 몰려 오면 집이 비좁게 느껴질 거야. 애들 소리로 집안이 시끌벅적해지겠지. 뭐 도와 주고 싶으면 시끄러워지기 전에 쥐나 몇 마리 잡아 먹어 주든가."

마나부주는 집 아래쪽을 가리켰다.

"훈제소는 어디예요? 당신 같은 부자에게 넓은 훈제소가 없다는 건 말이 안 돼요."

"멍청이 밍크 같으니. 훈제소 따윈 필요 없어. 왜냐하면 여긴 블루베리 오두막이니까. 게다가 호수에는 눈알이 커다란 물고기들이 지천이어서 친척들이 머무는 동안 식량 걱정은 없단다. 그게 싫은 사람은 다른 물고기를 잡아 먹으면 될 것이고. 그런데, 넌 쥐를 잡아 먹을 거냐 말 거냐?"

"블루베리 따자고 이렇게 큰 집을 갖고 있으니 당신은 부자가 틀림없어요."

"우리는 블루베리를 많이 먹거든. 하지만 집 안은 별 볼일 없어. 들어 와서 직접 보려무나. 쥐나 몇 마리 잡아 먹으면서 말이야."

마나부주는 커다란 손으로 쓰레질을 해 보였다.

"야! 진짜, 쓰레기 천지네요. 이 큰 집을 왜 이렇게 둬요?"

"잠깐 다녀가는 집이니까 그렇지. 블루베리가 한창일 때만 오거든. 저 남쪽엔 작지만 훨씬 좋은 집이 있어. 노루도 뛰어 놀고 정원도 있단다. 친척들도 그곳에 다들 집을 가지고 있어. 이건 우리가 선택한 것이기도 하고, 창조주가 우리에게 선사한 삶의 방식이기도 하단다. 네가 쥐를 좋아하듯 우린 블루베리를 좋아하거든. 마루밑으로 들어가서 쥐나 찾아 봐."

고요한 아침, 마나부주가 자신의 섬 집앞 조그만 모래 둔덕으로 카누를 끌어 올렸을 때 슈피리어 호수엔 바람 한 점 없었다. 마나부주의 집 문간 앞에서 거위가 입구 계단을 가로막고 있던 커다란 풀더미를 뽑아내고 있었다.

"아이구, 고맙기도 하구나, 거위야."

마나부주는 막대기로 성가신 끈끈이를 치워버리면서 말했다.

"당신이군요. 이렇게 멋진 잔디가 있는 섬을 갖고 있으니 부자가 틀림없죠?"

거위는 한쪽 눈을 흘끔 치뜨며 말했다.

"여긴 송어 캠프야. 남의 잔디 좀 고만 뜯어 먹어!"

"여긴 주로 혼자 오던데 혼자서 이렇게 큰 섬을 가진 걸 보면 굉장한 부자인가 봐요?"

"혼자 있고 싶어서 오는 거야, 바보야. 거미줄을 치워야 한단다. 가족들이 곧 도착할 거거든. 너는 저기 훈제소에 가서 거미나 좀 잡아 먹지 그러니?"

"블루베리도 나지 않는 이 섬에 가족들이 뭐 하러 오는데요? 블루베리 없는 이렇게 큰 섬을 가지고 있으니, 당신은 부자 맞죠?"

"송어 오두막이라고 했지 않니, 이 따발총 거위야. 블루베리는 다른 곳에서 딴단다. 호수를 따라 내려가 야영장에서 거미나 없애라니까. 참, 버섯은 손 대면 안 돼, 내가 제일 좋아하는 것이니까."

"이런 잔디가 있는 넓고 넓은 섬에 집도 여러 채 있는 걸로 봐서 대단한 부자가 맞지요?"

"집들은 잠깐씩 임시로 사용하는 것이라 소박하기만 하단다. 자그만 잔디밭과 정원이 딸린 좋은 집은 남쪽에 있지. 친척들이 몰려 올 거야. 송어나 창꼬치를 잡아 먹다 질리면 새로운 맛을 찾아 살진 거위 요리를 원할지도 모른다, 거위야. 내 말 무슨 뜻인지 알아 듣겠지? 물론 나 없는 동안 잔디를 관리해 준 고마움은 잊지 않으마."

마나부주가 작은 오두막을 향해 오래된 오솔길을 굽이굽이 돌아가던 날도 숲엔 바람 한 점 일지 않았다. 훔쳐 먹기 좋아하는 캐나다여치한 마리가 굴뚝 위에 앉아 마나부주가 가져온 물건에 눈독을 들이고 있었다.

"당신이었군요. 이런 비좁은 오두막에 사는 걸 보니 어지간히 가난하시네요."

"여긴 사슴 캠프야, 좀도둑 같은 녀석아. 여기선 빨리빨리 움직이지 않으면 안 돼. 괜히 남의 블루베리 넘보지 말고 가서 개암 열매나 주워 먹어라."

"여기는 주로 혼자 오던데…."

"혼자 있고 싶을 때 오니까 그렇지. 어차피 사슴 캠프에선 혼자 조용히 있어야 하는 거니까. 쉿, 그만 지껄이고 가서 개암이나 주우라니까!"

"그래도 이렇게 좁고 보잘것없는 오두막이라니, 그렇게 가난해요? 그래서 블루베리도 나누면 안 되는 거예요?"

"여긴 사슴 캠프야. 숲에서 온종일 왔다갔다 하느라 집안에 있지도 않을 텐데 뭐 하러 큰 집이 필요하겠니? 군소리 말고 개암이나 주워라. 모아서 내 오두막 문가에 묻어도 좋아. 혹시 아니? 자갈로 표시를 해 두면 내가 잘 지켜줄지, 흐흐흐."

"왜 그렇게 구두쇠예요?"

캐나다여치는 마나부주의 사슴 가죽 셔츠의 주름과 주머니 속을 들여다 보려고 더 바싹 다가왔다.

"사냥한 커다란 사슴을 통째로 숲에서 끌어 내리려면 내가 가벼운 차림을 할 수 밖에 없지. 그런데도 내가 너하고 나누어 먹을 만큼 뭘 가지고 다녀야겠니? 그러는 너는 콩 한 톨이라도 준 적이 있어?"

"말라빠진 블루베리나 한 줌 먹고 이런 코딱지만한 오두막에 살다니, 정말 마나부주는 불쌍해."

"정원도 있고 꽃사슴이 뛰노는 근사한 저택이 남쪽에 있다니까. 블루베리가 자라는 곳에는 그보다 훨씬 큰 집을 갖고 있고. 난 가난뱅이가 아니란 말이다. 자, 블루베리 한 알 줄 테니 입 다물고 꺼져!"

조용한 아침이었다. 마나부주가 자신의 호박밭에서 죽은 덩굴을 걷어내던 날, 말라 비틀어진 옥수숫대에 달린 잎사귀에조차 바람 한 점 일지 않았다.

"당신이군요. 집에 오신 걸 보니 반갑습니다. 그런데 이 작은 집에 방은 언제 더 늘릴 생각인가요?"

이웃이 주머니에 손을 찌른 채 마나부주에게 물었다.

"호박이 필요하면 아무거나 하나 따 가세요."

"집을 고치게 되면 내가 도와 줄게요. 막내는 아직도 거실에서 자고 있나요?"

"집은 이만하면 충분해요. 부족함이 없는 걸요. 오늘 밤에 서리가 온다니 호박을 다 따서 창고에 넣어야겠어요. 원하면 하나 가져 가세요."

"이것들을 다 저장할 거라고요? 그런데 왜 당신 혼자지요?"

"혼자이고 싶어서요. 호박 드려요?"

"좁은 집에서 벗어나고 싶은 거지요, 맞죠? 주저 말고 도와 달라고 해요, 마나부주. 친구나 이웃은 그래서 있는 거니까."

"여보시오, 이웃. 집이 좁은 게 아니라니까 그러네. 북쪽 내 블루베리 캠프에 큰 집이 있어요. 그러고도 집이 세 채나 더 있다고요! 이 집엔 아무도 없어요. 오늘은 각자 한 집씩 맡아서 눈 올 때를 대비해 일들을 마무리하고 있는 거요. 어쨌든 여긴 나 혼자니 이 호박들을 창고로 옮길 때 도와줄 거요 말 거요?"

"집이 네 채라? 알고 보니 굉장한 부자시구먼. 한 개가 아니라 호박 몇 개는 주실 수 있겠군요?"

"물론!"

"블루베리는요?"

"음, 그걸 따려면 먼 길을 가야 하니까 몇 알만 드리지."

"훈제 송어도 몇 마리만 주면 안 될까요?"

"난 부자가 아니오! 그 큰 집들은 이렇다 할 가구도 없는 임시 움막 같은 데라고 내가 말했을 텐데요?"

"사슴 고기도 좀 이렇게 안될까요?"

"그 집들 중 한 곳은 낚시할 때 비나 피하는 야영지라고 말했지 않습니까?"

"난 간은 안 먹으니까 안심 한 덩어리 주면 좋겠는데…."

"그 집들 중 한 채는 정말 손바닥만한 움막이란 말이오!"

내가 이따금 강이나 호수에서 관찰해 보건대 송어란 놈은 성질이 보통이 아니다. 저희들끼리는 물론이고 다른 물고기와도 서열을 정해 두고 있다. 그 중에서도 제일 사나운 강송어는 물고기들끼리 이간질을 시키거나 툭하면 반칙을 저지르기도 한다.

그래서 물고기들은 예로부터 그들을 창조한 나나부시에게 불만을 털어놓는다. 그래 봐야 나나부시는 물가에서 빈둥거리거나, 철썩이는 파도 소리를 들으며 자기가 창조한 물고기의 세계를 경탄의 눈으로 바라볼 뿐이다. 물고기들이 불만을 털어놓으면 나나부시는 언제나 이해할 수 없다는 표정을 짓곤 했다. 그가 모든 물고기에게 서로 다른 개성과 특별한 재능을 주고, 저마다 고루 먹고 살 수 있도록 무던히도 애썼건만 이게 무슨 뚱딴지 같은 소리냐는 투였다.

지느러미

"난 못생겼어."

메기가 툴툴거렸다.

"난 뼈밖에 없어."

루쉬도 불평이다.

"난 너무 작아서 물에 빠진 벌레를 송어한테 다 뺏기고 말아."

샛강 황어도 입을 내민다.

"저 강송어들이 환한 붉은 점이 있다고 우쭐대는 꼴이란."

곤들매기도 씩씩거렸다.

"눈이 큰 창꼬치는 우리보다 훨씬 잘 본단 말이야."

흰송어의 불만이 이어지고,

"난 입술이 못생겼어."

라며 큰입 잉어도 떠들어 댔다.

"뭐 때문에 이러는 거야? 날씨 탓이야? 아님 뭐야?!"

하루는 물고기들의 불평이 너무 심하다 싶었던지 나나부시가 화를 버럭 냈다.

"각자에게 재주를 주었는데도 아무도 좋아하지 않는군. 다들 남의 떡이 커 보인다 이거지!"

그리하여 나나부시는 물고기에게 주었던 저마다의 특징을 다 **빼앗** 아 버렸다. 색깔, 크기, 모양, 장식, 입술, 지느러미, 눈, 꼬리, 비늘, 혀, 턱, 볼때기, 그리고 이빨까지도. 저마다의 특징이 사라진 물고기들은 누가 누군지 알아보기도 힘든 벌거숭이가 되고 말았다.

"이제부터는 너희들끼리 알아서 해!"

나나부시는 **빼앗** 은 물고기의 특징들을 넓은 호수에 내던지며 고함을 질렀다.

그러자 물고기들은 다투어 다른 물고기의 특징을 주워 제 몸에 맞추느라 난리였다. 하지만 제대로 되기는커녕 남의 옷을 입은 듯 맞지 않아 혼란스럽기만 했다.

철갑상어가 시무룩하게 말했다.

"내 꼬리지느러미는 위쪽이 아래쪽보다 크네."

"난 눈이 너무 작아서 잘 보이질 않아."

창꼬치가 헤엄을 치면서 난처한 표정으로 말했다. 피라미는 뭍으로 올라오며 울음을 터뜨리듯 소리쳤다.

"난 지느러미가 너무 커서 자꾸 물 밖으로 튀어오른단 말이야!"

"잘들 해 보라니까!"

피라미를 물 속으로 도로 던져 넣으며 나나부시가 소리를 질렀다.

물고기들이 원래의 자기 몸으로 돌아가느라 또 한바탕 난리가 벌어졌고 호수에 소용돌이가 일었다. 그런데 철갑상어만은 예외였다. 위와 아래가 너무 차이가 나는 꼬리지느러미가 어째서 그렇게 된 것인지 끝내 밝히지 못한 것이다.

그 와중에도 천성이 사나운 강송어가 지느러미를 하나 더 차지하는 바람에 곤들매기는 등지느러미가 하나 모자라게 되었다. 강송어는 여분으로 하나 더 있는 중간 지느러미를 어떻게 써야 할지 몰랐다. 중간 지느러미는 좌우로 방향을 바꿀 때 전혀 도움이 되지 못했을 뿐더러 앞뒤로 움직이는 데 방해가 되었다. 그 바람에 강송어는 얕은 물에서 빙빙 도는 불쌍한 신세가 되었다. 지느러미가 하나 없는 곤들매기는 재빨리 방향을 바꾸지 못해 먹이를 제대로 쫓아갈 수가 없게 됐다.

"아주 날 새겠군. 너희 두 바보는 혼 좀 나 봐야 해!"

나나부시는 양지바른 곳에 앉아 강송어와 곤들매기가 쩔쩔매는 모습을 바라보며 웃음을 터뜨렸다.

조금 후 나나부시의 할머니가 다니러 오셨다가 손자가 낄낄거리는 소리를 들었다. 이 장난꾸러기가 또 무슨 말썽이나 부리는 게 아닌가 싶었던 할머니의 예감은 빗나가지 않았다.

"애야, 저 불쌍한 물고기들을 고쳐 주렴."

할머니가 나나부시를 꾸중했다.

"할머니, 조금만 있다가요. 스스로 판 무덤인데요, 뭐."

"네가 강송어를 하루 종일 굶게 만든다는 생각은 안 하니? 종일 굶으면 몸이 약해진단다. 강송어의 사나운 성질은 애초에 네가 그 녀석의 특성으로 주었다는 사실을 잊은 것 아니겠지? 저 쓸데없는 지느러미 때문에 먹지 못해 안달이 나서 계속 속을 끓이면 얼마나 지치겠니? 저 곤들매기도 그래. 나머지 등지느러미를 돌려 주렴. 그래야 먹이를 잡지!"

할머니의 분부를 거역할 수는 없었지만 나나부시는 투덜거렸다.

"하지만 할머니, 먼저 불평을 한 것은 저 녀석들이란 말이에요."

"그렇다고 옹졸한 짓을 하다니. 나나부시야, 자기 소임을 다한답시고 상대에게 보복을 하는 것은 결코 바람직하지 않단다."

나나부시는 이내 고개를 떨구었다. 그리고 할머니를 따라 집으로 돌아 갔다. 더러 고기가 한 마리도 잡히지 않는 날, 무덥고 조용한 그런 날, 아직도 호수에서 손자를 꾸짖는 할머니의 음성을 들을 수 있다. 저 먼 곳의 물오리가 비웃는 것 같기도 하고, 얌전하게 살짝 물가에 닿는 아기파도 소리 같기도 한, 그렇게 조용조용 잘 알아 들을 수 없이 착 가라 앉은 소리를 말이다.

미사 참례를 하러 가는 길은 순탄치 않았다. 보트 엔진이 점화 플러그 문제로 말썽을 부렸지만 공구를 트럭에 두고 온 탓에 수리할 수가 없었다. 하는 수 없이 가연성 윤활제를 써야 했다. 윤활제를 기화기에 뿌려야 엔진은 잠시 작동했고, 그렇게 어렵사리 슈피리어호의 가간투아 곶을 돌아 겨우 배를 댈 수 있었다. 곧바로 엔진과 노, 냉각 장치, 텅 빈 프로판가스 통, 전통 퀼공예품 등을 모두 내린 뒤 30미터쯤 되는 자갈길을 비틀거리며 배를 들어 옮겼다. 배를 트럭에 끌어올려 고정시키고 나서 한 시간이나 비포장 오르막길을 달렸다. 포장도로를 달리는 중에 하마터면 무스를 칠 뻔하기도 했다.

인디언 선교 성당

나는 미시간 남쪽까지 호박돌 한 차 분량을 운반키로 했는데, 그 트럭이 도착하기를 기다리면서도 일을 쉬지 않았다. 퀼공예를 하기도 하고, 삼촌이 잔디 깎는 것을 도와 드리거나 트럭 수리할 때 옆에서 필요한 연장을 건네주기도 했다. 생일 파티에 온 이웃들이 퀼공예품을 사겠다고 했지만 완성품이 없어서 마당에서 구한 자작나무 껍질을 즉석에서 자르고 꼬아 선물을 대신했다. 그랬더니 어떤 남자가 등대에 관한 책을 한 권 주었다. 먼지가 뽀얗게 쌓인 낡은 것이었지만 그가 가장 아끼던 책이라고 조카애가 일러 준다. 나는 그 책의 먼지와 사연을 보물로 간직하기로 했다.

다음 날 아침, 톨게이트를 여러 번 거치면서 몇 시간이나 운전을 한 끝에 솔트 세인트 마리의 한산한 선데이 거리에 도착했다. 하지만 여름이라 존 신부님이 미사시각을 바꾼 것을 몰랐던 탓에 세 시간이나 기다려야 했다. 나와 아들은 5분 정도 걸어서 숙모 댁에 들러 허기를 메우고 커피도 마셨다.

마을 어귀에서 보았던 K마트에 가서 옷이라도 한 벌 사 입을까 하는 생각이 들 정도로 우리 행색은 초라했다. 내 모자 달린 셔츠는 커피 얼룩으로 지저분했다. 다섯 살난 아이의 낡은 소매도 꾸깃꾸깃 말려 올라가 있었다. 집 떠나기 전 일주일 동안 녹슨 낡은 장작난로를 뜯어 내느라 내 신발은 땀에 절고 절었다. 그렇다고 배나 트럭에 근사한 정장이나 멋진 모자를 싣고 다닐 수 있는 형편도 아니었다. 내게선 윤활제 냄새, 나무 그을음 냄새, 트랜스미션 오일 냄새가 뒤섞여 났다. 그래도 존 신부님께서는 우릴 이해해 주실 것으로 믿었다. 신부님은 어쩌다 오지 탐험가들이나 찾는 이 작고 득이힌 마을에서 인디언 신자들과 동고동락해온 분이기 때문이다.

성당 문간에서 숙모는 다섯 살난 아이에게 앞줄에 앉을지 뒤에 앉을지를 물었다. 아이는 단호하게 앞줄을 택했다. 그래야 그 지루하고 형식적으로 반복되는 미사 동안 내놓고 불만을 터뜨릴 수 있기 때문이다. 인디언 신부님은 제대에 올라서면 미사에 앞서 오늘 미사가 우리 꼬맹이에게 지루하지 않게 해 달라는 기도부터 올리곤 한다. 우리 신부님은 얼마나 수단이 좋으신가. 이런 기지에 넘어가 아이가 미사를 즐기게 되니 말이다. 신부님께서는 우리가 성당에 오려면 며칠씩이나 걸릴 뿐 아니라 아이들이 미사를 올리는 내내 얌전할 수만도 없다는 것을 잘 알고 계신다. 우리가 성당에 온 것만으로도 너무나 고맙다고 여기는 것이다.

그런데 같이 성가도 부르고 기타도 쳐주시던 존 신부님이 갑자기 여름 휴가를 떠나셨다. 오늘 미사는 존 신부님 대신 수도회 신부가 집전한다는 것이다. 키가 훌쩍 크고 말랐으며 얼굴빛이 창백했다. 준수한 용모에 고상하고 말수도 적었다. 그는 존 신부님처럼 성가를 부르며 우리가 따라 하도록 이끌지 않고 악보를 볼 줄 아는 사람들이 성가를 부르는 대로 그냥 두었다. 하얀 제의 아래 호리호리한 몸을 하얀 장식 띠로 감추었지만 보기보다 실제 풍채는 더 좋아 보였다. 신부님 뒤에 있는 십자가에는 구슬 장식이 길게 걸려 있고, 숄과 기장을 두르고 있는 성모 마리아 상은 금방이라도 걸어 나와 사슴뿔로 조각한 독수리 상 사이를 이리저리 거니실 것만 같았다.

신부님이 강론을 하는 동안 우리는 낯선 목소리의 주인공을 바라보고, 미사 참례를 하러 모인 스물다섯 명 남짓한 사람에 깊은 감사의 마음을 느끼며 서로서로 미소를 지었다. 존 신부님이나 수도회 신부님이나 크게 다를 것은 없어 보였다. 단지 존 신부님이 무스라면 그는 덩치가 조금 작은 순록에 가까웠을 뿐이다.

하지만 강론 내용은 사뭇 달랐다. 강론 중에 아브라함이 자기 형제를 노예로 삼은 자들과의 싸움에서 이기기 위해 가족과 노예들을 동원했는지에 관한 얘기를 들으며 나는 몇 가지 의문을 떨치지 못했다. 아브라함은 왜 자신의 노예들을 해방시키려 하지 않았을까? 성서가 노예를 당연시하고 있기 때문에 우리 인디언 조상을 기독교로 개종시킨 성직자들도 노예제도를 묵인했던 것일까? 그 옛날 교회를 짓는 데 인디언들을 동원했던 것도 그런 이유에서일까? 아니면 사랑과 믿음에서 그러했던 것일까? 머릿속이 혼란스럽기만 했다. 존 신부님이 있었으면 속 시원히 물어 보았을 터이다. 하지만 수도회 신부님은 노예제도와 인디언에게 일자리를 주지 않는 인종 갈등의 상관관계를 자연스럽게 연결시키지 못할 듯싶었다. 불현듯 나는 숲으로 돌아가고 싶어졌다.

　장거리 여행에 지쳐 있던 아이는 이제 더 이상 얌전히 앉아 강론을 들을 수 없어 보였다. 끓어 넘치기 직전의 찌개 냄비처럼 맨 앞줄에는 억제된 에너지가 부글부글대고 있었다. 나는 자꾸만 꿈틀대는 아이의 머리를 손으로 눌러야 했다. 그 바람에

　"주님께서 여러분과 함께!"

라고 하신 신부님에게 다른 사람들이 모두들

　"또한 사제와 함께."

라고 응답할 때, 그만 나만 홀로 프랑스어로 하고 말았다. 아이를 얌전히 있게 해야 한다는 중압감에 사로잡혀 엉뚱한 소리를, 그것도 크게 내지른 것이다. 신부님이 고개를 획 돌려 나를 보았다. 신부님은 이렇게 생각하는 것 같았다. '흠, 가끔 오는 사람이군. 신앙심 불량자. 30년 전 만들어진 기도서를 펼쳐 놓고 프랑스어로 기도문을 웅얼거리는 자. 고약한 냄새를 풍기며 앞줄에 앉은 머리 둘 달린 야수. 연옥불로 직행할 죄인.' 나는 간절한 눈빛으로 '존 신부님처럼 큰 소리로 분명하게 말씀하실 수는 없나요?' 라고 수도회 신부님께 속으로 물었다.

　내 바로 뒷줄의 연세 지긋한 인디언 숙녀들의 얼굴이 굳어졌다. 우리가 악수를 나누며 평화의 인사를 주고받을 차례가 돌아왔을 때 그 숙녀들은 내게 들릴 듯 말 듯

　"주님께서 당신 지갑 속에."

라고 야유했다. 나는 잠시 장궤한 다음 내 영혼을 잃느니 지갑을 여는 것이 낫다는 생각에 벌떡 일어나 신부님을 똑바로 노려 보았다. 고상한 숙녀들이 가방을 여닫고 제 자리에 두느라 내 어깨를 툭툭 건드리는 것은 미사의 한 순서처럼 반복되는 일인데도 그 바람에 펼쳤던 기도서가 접혀 어디를 봐야 할지 잊어 버렸다. 숙모는 웃으며 손가락으로 짚은 페이지를 내 코앞에 내밀었다. '신부님, 존 신부님처럼 큰 소리로 분명하게 성가를 불러주실 수는 없나요?'

"난 존 신부님이 아닙니다."

성당이 울리도록 큰 소리로 분명하게 그 신부님은 말했다.

"나는 기타를 치지도 않고 인디언 언어로 성가를 부르지도 않으며 손뼉을 치도록 하지도 않습니다."

하지만 내 생각은 다르다. 아이들이 미사 중에 딴 생각을 않게 하려면 뇌의 시상하부에 자극을 줄 수 있는 약간의 율동이 필요하다는 것은 논리적으로 타당한 것이다. 나는 땀으로 축축해진 발가락을 고무장화 안에서 꼼지락거렸다.

신부님은 성직자들의 수호 성인에 관한 얘기를 하고 있다. 프랑스 교회의 우아한 성물함에 보존되어 있는 성인의 미라를 조심스럽게 설명했다. 설명에 어찌나 공을 들이는지 신부님은 마치 살아서 그 존재를 알리는 자신을 형편없이 비천한 자로 만드는 것 같았다. 신부님의 설명은 이렇다. 순수하기만 했던 그 수호 성인은 작고 외진 교회로 파견되었지만 사람들이 먼 곳에서도 말씀을 들으러 찾아올 만큼 존경을 받았다는 것이다. 이어서 수도회 신부님은 존 신부님을 그 수호 성인에 견주며 최고의 찬사를 바쳤다. 그런데도 나의 의심은 계속 스멀스

멀 머릿속을 기어 다녔다. 수도회 신부가 그때의 신자들과 우리를 비교하는 뜻으로 저런 말을 하는 것은 아닐까? '아, 신경 끄세요. 우린 모두 비천한 자들인걸요.' 나는 그 비천한 사람들의 제일 앞자리에 앉아 있었다.

뒤편 열린 문으로 따뜻한 바람이 들어오자 내게서 트랜스미션 오일 냄새가 훅하고 풍겼다.

이제 봉헌 시간이 돌아왔다. 지갑을 뒤져 아이에게 1달러짜리 지폐를 건네주는 동안 한 젊은이가 매미채처럼 생긴 봉헌 바구니를 들고 참을성 있게 기다렸다. 꼬맹이는 코앞에 다가온 바구니에 손을 넣고도 돈을 떨어뜨리기 싫었던 모양이다. 나는 마치 서리 맞은 개암열매나 낙엽을 흔들어 떨구듯, 고사리손에 잡힌 1달러 지폐가 봉헌 바구니에 떨어지기를 바라며 꼬맹이의 손을 잡고 흔들었다. 하지만 녀석은 돈을 넣기 싫은 듯 도리어 꽥꽥대기만 했다. 하는 수 없이 나는 지갑에서 1달러 지폐를 꺼내 황급히 바구니에 넣었다. 그리고 용서를 바라는 심정으로 수도회 신부님을 바라보았다. 신부님은 목소리를 가다듬고 제의를 매만지며 우아한 태도로 나에게 헌금을 마저 끝낼 시간을 주시는 듯했다. 나는 얼른 1달러 지폐를 쥔 채 앞으로 꼿꼿하게 뻗고 있는 꼬맹이의 팔을 끌어내렸지만 헛수고였다. 녀석의 팔은 휘어진 나뭇가지가 튕겨지듯 다시 앞으로 뻗쳤다. 이 모습을 지켜보던 신부님이 나와 눈이 마주치자 헛기침을 하셨다. 그는 터져 나올 것 같은 웃음을 삼키며 희미한 미소를 지어 보였다. 그때서야 나는 알 수 있었다. 그는 좋은 사람인 거야. 이해심 많고 참을성 있는 경험 풍부한 성직자란 말이지. 그래, 내 영혼이 구제받을 수 있을 거 같아.

미사가 막바지에 이르렀다. 신부님이 우리들 중 특별한 기도를 올리고자 하는 이가 있는지 물었다. 길고 어색한 침묵이 흘렀다. 누구도 맨처음 나서는 무례함을 범하고 싶어하지 않았다. 그렇지만 지적을 당할 수도 있으니 기도 내용은 생각하고 있어야 했다. 나는 아이들과 무사히 집으로 가게 해달라고 정말이지 간절하게 기도를 올리고 싶었다. 게다가 존 신부님이 계셨다면 어색한 침묵을 깨뜨려 신부님을 도와 드렸을 것이다. 그러나 이곳 사정을 모르는 수도회 신부님께서는 우리 가족이 얼마나 어렵게 이 미사에 참석하게 됐는지를 아무리 설명해도 알 것 같지 않았다. 정부가 항구로 통하는 도로를 차단하는 바람에 안 해도 될 고생을 얼마나 했던가. 배로 호수를 돌아 옷이 땀에 흠뻑 젖도록 배를 들어 옮겨야 했고, 호박돌을 트럭에 한 가득 싣고 와야 하지 않았던가. 게다가 트럭 시트의 팔걸이에는 우유가 반 통이나 엎질러져 있지 않은가. 나는 입을 다물었다.

성당 안의 침묵은 평소보다 길었다. 친숙하지 않은 신부님이 앞에 계신지라 사람들이 한결 수줍어했다. 바로 그때였다. 맨 앞줄에서 우렁찬 소리가 터져 나왔다.

"엄마, 나 바지에 오줌 쌌어!!!"

참석자들이 오늘 미사에서 처음으로 가슴을 활짝 열고 하느님께 기도하는 소리가 내 등 뒤에서 울려 퍼졌다.

"주님, 저희의 기도를 들어주소서!"

결혼한 오지브웨이 부족 남자가 처음으로 가위 한 자루를 손에 쥐게 되었던 때를 한번 상상해 보자. 그에게 쌀이나 생선을 받고 그 가위를 넘겨 주었을 다른 인디언도 역시 누군가에게 무언가를 주고 가위를 갖게 되었을 것이다. 그런 거래는 요새나 장터일 수도 있지만 그보다 훨씬 멀리 떨어진 곳에서 이루어졌을 터이니 가위를 손에 넣기까지 들인 품이 만만치 않았을 것임은 짐작하고도 남는다. 하지만 그 남자는 어렵사리 구한 가위를 집 안에 들이는 순간 가위의 소유권을 영원히 잃고 말았을 것이라고 나는 확신한다.

너무나 멋진 것

오지브웨이 여자들은 오랜 세월 가위를 열렬히 사랑해 왔다. 할머니의 할머니에서부터 오늘에 이르기까지 몇백 년 동안 그 사랑은 이어졌다. 가위를 처음으로 구해 집으로 가져온 남자의 아내는
"그 멋~진 것을 제게 주세요."
하며 가위를 움켜쥔 손을 결코 놓지 않았다. 그후 오지브웨이 여자들에게 가위는 부엌의 필수품이 되었고 딸의 딸에게로 세대를 이어가며 애초의 놀라움은 시나브로 줄어들어 그저 당연한 어떤 것으로 받아들여졌다. 하지만 처음 가위에 붙였던 '멋진(원더풀)'이라는 이름은 여전히 살아 있다.

오지브웨이 여자들은 가위를 '무지와간'이라고 불렀다. 영어로 '멋진 것'이란 뜻이다. 오지브웨이 부족 말 가운데 가장 영예스러운

말을 골라 가위에 선사한 것이다. 멋지다는 것은 우리 삶에서 얼마나 중요한 말인가? 막 태어난 아이의 울음은 얼마나 멋진가? 새로운 질병 예방백신이 개발되는 것도 멋지고 시간을 절약해주는 발명품의 출현 또한 멋지지 않은가? 가위가 멋진 까닭은 이들과 다를 바 없었다.

내가 어릴 때만 해도 가위는 오늘날에 비해 훨씬 튼튼하고 잘 망가지지 않았다. 쉽게 부러지는 플라스틱 손잡이 따위는 없었다. 손잡이와 날이 한 몸으로 붙어 있고, 이 한 쌍이 리벳으로 고정된 게 아니라 쉽게 풀었다 조였다 할 수 있는 나사로 연결되어 있었다. 날이 무뎌지면 풀어서 숫돌에 갈면 순식간에 새 가위가 됐다. 요즘엔 자동 칼갈이까지 등장했지만, 어쨌든 한 자루 가위는 사람의 수명보다 훨씬 길어 딸과 딸의 딸에게로 대물림을 할 수 있는 것이었다.

내 어머니나 할머니 세대에서 가위의 역할은 일일이 열거할 수 없을 정도로 다양했다. 가장 흔했던 용도는 동물을 도살할 때였는데, 요즘도 나는 고기에 붙은 기름 덩어리를 떼어 낼 때 가위를 쓴다. 사람 키만한 곤들매기나 창꼬치의 살점을 잘라 길고 두툼한 필레로 만들 때도 가위는 빠질 수 없다. 심지어 바구니를 짤 때 쓰는 두꺼운 자작나무 껍질도 가위로 자르고 다듬는다.

나는 가위로 얇은 자작나무 껍질을 종이 오리듯 섬세하게 잘라 깡충 뛰는 사슴이나 춤 추는 수달을 조각한다. 가위와 자작나무 껍질만 있으면 식사중인 곰이나 헤엄치는 거북이, 어부나 바구니 짜는 사람들은 물론 조상들의 모든 일과 놀이 모습을 만들어 내는 것도 어렵지 않다. 이렇게 다양하고 멋진 것들을 표현하는 일에 단 하나의 도구만을 쓰는 것이다. '너무나 멋진 물건', 바로 가위다. 가위 쥔 손을 한 번 놀리기만 하면 곧고 깔끔한 단면이 만들어진다. 물론 손 다칠 염려도 거의 없다. 속도와 정확을 동시에 가능케 하는 한 자루의 가위야말로 눈신발이나 낚싯바늘, 벼, 약재, 옥수수 등 유럽인들이 우리에게서 배워 간 모든 것들에 필적하는 멋진 것이다. 이 대목에서 유럽의 침략자들에게도 점수를 1점 주긴 해야 할 것 같다. 정말이지, 유럽 침략자들이 신대륙에 단 한 가지 좋은 것을 가지고 오기는 했으니 말이다. 그렇더라도 오지브웨이 부족의 독특한 감각이 없었다면 가위가 오늘날까지도 미국 가정에서 '너무나 멋진 것'으로 돋보일 수 있었을지는 의문이다.

　나의 어머니는 할머니가 그랬던 것처럼 가위날을 벌린 채 부엌 벽에 걸어 두고 쓰셨다. 어릴 때는 그래야 악귀를 쫓는다는 우스갯소리를 듣기도 했다. 우리가 생각할 수 있는 유일한 악령은 쇠를 녹슬게 만드는 정령이었다. 그래서 가위가 접힌 채 걸려 있는 것을 보면 얼른 물기를 말린 뒤 날을 벌려 걸어야 했다. 공기 중의 습기 때문에 행여 녹이 날까 걱정한 어머니는 주물 주전자나 냄비에 그랬던 것처럼 가위에도 기름칠을 하셨다. 집집마다 가위가 하나뿐이므로 쓰고 나면 얼른 제자리에 곱게 모셔 두어야 했다. 가위를 잃어버린다는 것은 범죄행위나 마찬가지였다. 형제끼리는 서로 골탕을 먹이려고 누가 잘못을 저지르는지, 혹시나 제자리에 걸어 두는 걸 잊지나 않는지 감시의 눈을 번득이곤 했다. 가위는 곧 힘이며 기회였다. 아무나 가위를 만질 수 있는 게 아니었다. 형제 중에서도 가장 책임감 있고 믿을 만한 아이만이 가위를 부엌에서 방으로 가져가 사용할 수 있도록 허락이 떨어졌으니 말이다.

　'너무나 멋진 것'. 그것은 동시에 혼란의 불씨이기도 했다. 두 쪽으로 이루어진 가위는 다른 한쪽이 없이는 아무짝에도 쓸모가 없었다. 두 쪽이 합쳐져야 한 자루의 가위가 만들어 진다. 그래서 영어로 가위는 언제나 복수형이다. 하지만 오지브웨이 부족에서 가위는 복수냐 단수냐의 혼란도 없이 다만 '멋진 것' 일 뿐이다. 한 자루의 가위는 실수를 줄이고 일의 부담을 덜어 준다. 종이며 옷감, 가죽, 나무 껍질, 고기, 신선한 야채 등 무엇이든 모양을 다듬어 준다. 가위에 붙은 '너무나 멋진 것' 이라는 이름은 수세기를 내려오는 동안 변함이 없었다. 비록 '멋진 것' 의 개념이 성냥이나 현대 의약품, 증기 기관, 전기, 컴퓨터 등과 경쟁을 하기는 했지만 말이다. 오랜 세월이 흘렀지만 오지브웨이 여자들이 일을 할 때 손에서 떨어지는 법이 없이 언제나 마음 먹은 대로 일을 도와주는 도구는 오로지 가위뿐이다. 나는 가위가 필요하면 딸 아이에게

"무지와간 좀 줄래?"

하고 부탁한다. 그러면 딸아이는 내키지 않는 척 가위를 건넨다. 하지만 아이는 가위를 쓰다 내려 놓을 때나 움켜 쥐거나 사용하려 할 때, 조심스레 제자리에 갖다 둘 때 선망의 눈초리로 가위를 바라본다.

'위노나' 가 '에파니기쉬무그' 와 데이트를 시작할 무렵 그녀의 어머니는 걱정이 많았다. 에파니기쉬무그는 자신을 '서쪽에서 부는 바람(서풍)' 이라고 밝혔다. 그의 말마따나 정말이지 시간 관념이 희한해서 불현듯 왔다간 훌쩍 가버리곤 하는, 종잡을 수 없는 인물이었다. 두 사람을 둘러싼 숱한 소문이 여러 세대가 지나 아직까지도 사람의 입에 오르내리고 있다. 이젠 세상에 없는 위노나에게 물어볼 수도 없는 노릇이니, 그렇고 그런 소문들이 어디에서 비롯되었는지 나는 그저 궁금할 따름이다.

위노나 딜레마

그들을 둘러싼 소문은 오랜 세월에 걸쳐 입에서 입으로 전해지는 동안 숱한 이야기꾼들의 편견이 삽입되고 적당히 윤색이 가미된 것으로 보인다. 예컨대 위노나의 남편에 대해서만도 이야기꾼의 경험담이 끼어 들어 하늘과 땅만큼 다른 얘기가 전해진다. 한편에서는 위노나가 낳은 아이들의 아버지는 애 엄마에게 양육을 떠맡기고 훌쩍 떠나버린 무책임하고 신뢰할 수 없는 남자의 전형이라고 얘기한다. 그런가 하면, 위노나가 서풍처럼 강한 사내의 아내가 된 것은 여간 영광스러운 일이 아니라는 얘기도 있다. 어쨌든 그는 거대한 대륙의 주인이었다. 그 대륙의 대지 가득 갖은 풀들이 자라게 하고, 호수와 해변에 파도가 일게 하며, 비구름을 몰고 오기도 하고, 탐욕스러운 어부들을 호수에 얼씬거리지 못하게 하며, 물고기나 개구리가 새끼를 퍼뜨릴 수 있게 주관했다. 그는 계절의 흐름을 조절하는 능력도 갖고 있었다. 늦가을에서 겨울 동안 강한 눈보라와 세찬 바람을 불게 하고, 한여름에는 한동안 무더위를 몰고 와 우리에게 며칠 동안 게으르게 휴식할 수 있는 시간을 마련해 주기도 한다. 그는 특별히 급한 일이 없을 때에만 동틀 무렵이나 석양에 아주 잠깐 쉬었다. 언제나 바쁘고, 베일에 가린 그는 '마니도그', 즉 정령이었다.

그 정령의 아들 넷을 기를 수 있는 자격은 오로지 능력 있고 명예로운 여자에게만 주어질 수 밖에 없었다. 반은 정령이고 반은 인간인, 그것도 모두 엄청난 능력을 지닌 사내아이 넷을 키울 수 있는 여자는 결코 많지 않았다. 위노나는 정말이지 최선을 다해 그들을 키웠던 것이다. 그렇다! 바로 그것이 위노나 이야기의 뼈대이다.

위노나와 에파니기쉬무그는 네 명의 아들을 두었고, 그들은 각기 자란 세대가 달랐다고 한다. 이를 두고 위노나가 남편인 정령으로 하여금 그녀를 너무나 오랜 기간 부려먹게 내버려 두었다고 수근거리는 사람도 있다. 한편에서는 위노나가 아이들을 양육한 기간의 길이를 얘기하는 것은 부질없다고도 한다. 요컨대 그 옛날엔 모든 것이 지금과 전혀 달랐는데 거인들이 살았던 시대에 시간이 무슨 대수였겠냐는 것이다. 하지만 다른 해석도 있다. 우리 모두의 조상이기도 한 위노나 부부가 서로 아끼고 사랑하며 4세대를 너끈히 지날 만큼 오래 살았다는 것에 의미가 있다는 것이다. 하기야 그들처럼 4대에 걸쳐 산다는 것은 사람들이 일찍 시집장가를 갔던 20세기 초반만 해도 그렇게 희귀한 일도 아니지 않았던가?

한 발 물러나 시야를 넓혀 보면, 이야기꾼들은 자신의 이야기를 하고 있음을 알 수 있다. 일부러 그러지는 않았다 해도 역사의 단편마다에 자신들의 경험이나 생각이 끼어 들어가게 마련이다. 그래서 어리석지만 사랑스러운 우리의 영웅이자 스승인 마나부주와 나나부시를 낳고 길러준 최초의 여성, 위노나에 대해 그렇게 다양한 이야기들이 전해지고 있는 셈이다. 그 이야기들은 하나같이 생생하며 사실적이고 전통적인 가치를 지녔지만 어느 누구도 그것들이 뜻하는 바를 속속들이 알지는 못한다. 우리는 우리가 필요하거나 이해하는 부분만 취해서 다시 우리의 아이들에게 전할 뿐이다. 그런 이유로 어떤 의미에서는 우리 모두가 위노나와 에파니기쉬무그를 닮았다고 할 수 있다. 우리는 호수를 끼고 사는 우드랜드 인디언의 일원으로서 다음 세대를 창조한 것이며, 나는 그런 책임감에 가슴 뿌듯함을 느낀다.

나는 개인적으로는 위노나와 서풍에 대한 정겨운 이야기를 좋아하는 편이다. 하지만 무자비한 내용의 이야기도 필요하다고 생각한다. 가혹함이 반드시 사무친 원한에서 비롯되는 것만은 아니기 때문이다. 재난과 불운과 악연에 대한 끔찍한 이야기들은 예방의 속성을 지닌다. 이들은 우리 아이들이나 사랑하는 사람들이 이미 알고 있는 실수나 잘못을 반복해서 저지르지 않도록 해주는 긍정적인 역할을 한다. 사람들이 어려움을 피해 갈 수 있도록 이야기를 통해 압축적으로 보여주기에 이 같은 방식을 '문화적 속기'라고 하는 것이다. 이에 근거해 나는 서풍이 사실은 좋은 의미에서 아주 무정한 인물이라고 생각한다. 인간 관계란 날씨만큼이나 무자비할 수 있다. 서풍은 강하고, 변덕스럽고, 잔혹하다. 그렇지만 바로 그런 점 때문에 사랑할 수밖에 없는 존재이기도 하다. 하기야 이야기꾼들 말고 어느 누가 그 모든 것을 다 해낸 서풍만큼 위대할 수 있겠는가.

조용한 날들

할아버지께서 지금까지 옛집에서 홀로 지내오셨지만 2년 전부터 더 이상 홀로 지내실 수 없게 됐다. 할아버지가 젊었을 때만 해도 손수 배를 띄우시던 해변까지 숲을 따라 길게 길이 뻗어 있었다. 그런데 그 처녀림의 나무가 다 잘려 나가자 정부는 그 길을 막아 버리고 말았다. 할아버지는 수십 년 동안 자동차만큼 커다란 나무 그루터기들이 구불구불한 그 길을 지나다니셨다. 낡은 트럭을 운전하기도 하고, 겨울에는 스노모빌을 타거나 눈신발을 신은 채 걷기도

보트의 다른 한쪽

하셨다. 전화나 전기는 물론 편지조차 배달되지 않는 곳에 혼자 사셨던 것이다. 사냥과 고기잡이를 다니셨고 덫을 놓기도 하셨다. 오로지 자신의 힘과 능력으로 삶을 꾸리셨고 일곱이나 되는 자식을 먹여 키우셨다. 그렇게 키운 자식들은 모두 독립해서 잘 살고 있다. 그런데 이제 할아버지는 혼자 작은 보트를 메고 울퉁불퉁한 비포장 도로를 십 분이나 걸어 호수까지 옮기기에는 너무 늙으셨다. 할아버지가 배를 띄우시려면 보트를 들어줄 가족을 불러야 하고, 그것도 그들의 직장 스케줄에 맞추어야만 할 처지가 되신 것이다.

그렇기는 하지만 할아버지는 고집이 여간 세신 분이 아니어서 아직도 혼자서 보트에 엔진을 들어 얹겠다고 우기시곤 한다. 그럴 때면 나는 얼른 달려가 프로펠러 쪽을 잡아 드린다. 할아버지께서는

"백지장도 맞들면 낫다는 걸 이제 알겠구나."

하시며 웃음 지으신다. '이럴 줄 알았으면 진작부터 널 써먹을 걸' 하시는 웃음이다. 할아버지에게는 끝없이 이어지는 이야기와 미소, 절대적인 푸근함과 겸손, 마르지 않는 유머가 언제나 함께하는 것만 같다. 제강소 일꾼으로 다져진 할아버지의 근육은 예전만 못하지만 그래도 배나 엔진을 들어올리거나 일주일치 생필품이 가득한 장바구니를 옮길 때면 여전히 불끈 솟아오른다.

할아버지가 슈피리어호 북쪽 해안의 이 외딴 섬에서 여생을 보내시고 싶다는 바람에 나는 지금 사는 곳에서 떠나지 못하고 있다. 할아버지가 이제껏 사시던 외딴 섬을 떠나신다면 그것은 날마다 할아버지의 일부가 죽어가는 것과 다르지 않다. 비록 사방 50킬로미터에 인가를 찾아볼 수 없을 만큼 한적한 곳이기는 하지만 이곳을 누구보다 속속들이 알고 계시는 할아버지의 안위에 대해 나는 걱정하지 않는다. 나는 만일 할아버지가 여기서 아무도 지켜보는 이 없이 돌아가신다고 할지라도 슬퍼하지 않을 것이다. 오히려 나는 할아버지께서 여기를 떠났을 때 지금까지 누려온 행복을 잃게 되지나 않을까를 걱정한다. 나는 할아버지를 돌봐 드리려고 이곳을 찾는 게 아니다. 다만 할아버지와 함께 보트의 다른 한쪽을 들기 위해 할아버지를 찾는다. 할아버지가 그러하듯, 이곳을 떠난다면 그 순간부터 나의 일부도 매일매일 죽어갈 것이기 때문이다.

"게이-고, 미쇼(제발 그만 하세요, 할아버지)."

나는 할아버지를 만류하곤 한다. 할아버지는 먹을 것이 부족했던 어린 시절에 맛들인 야생 새알을 아직도 즐겨 드신다. 가게에서 파는 달걀과는 비교도 할 수 없다는 것이다. 사실 야생 새알은 신선하고 맛도 훌륭하다. 프라이팬 위에 깨뜨렸을 때 노른자가 납작하게 퍼지고 끈기도 없는, 가게에서 산 달걀과는 천양지차다. 야생 알에는 정말 세련된 미식가만이 느낄 수 있는 맛이 있다. 갓 낳은 달걀도 새알

새알 먹기

을 따라갈 수 없다. 좋은 먹이를 골라 먹는 건강하고 활발한 새들이 낳은 알은 마치 나무에서 농익은 복숭아처럼 혀를 자극하는 톡 쏘는 단맛을 지니고 있다.

늘 호숫가에 살았던 나는 어렸을 때 야생 오리 알을 먹었다. 놀랍게도 봄이면 어리숙한 젊은 암컷 오리들이 난생 처음 낳는 알을 얼떨결에 우리 집 앞 호숫가 모래밭에 떨어뜨리곤 했다. 오리는 암컷은 암컷끼리, 그것도 나이가 비슷한 녀석들끼리 무리를 지어 다니는 습성이 있다. 젊은 암컷 오리들은 공기가 찬 이른 아침이면 싱싱한 첫알을 모래밭에 흘리는 실수를 돌아가면서 하는 것이었다. 나는 일찍 일어나 너구리가 먹어치우기 전에 그것들을 주워 오곤 했는데, 재수가 좋으면 한 걸음 옮길 때마다 세 개씩이나 줍기도 했다. 사실 내가 줍지 않는다 해도 자연은 결코 오리알이 모래 위에서 그냥 썩도록 내버

려 두지 않는다. 나는 청둥오리의 알을 제일 좋아했다. 커다란 그 알은 엷은 청록색을 띠었다. 청둥오리알을 손에 넣은 날은 마치 세상을 공짜로 다 가진 기분이 들었다. 우리는 그 알들을 가져가 곧바로 살짝 익혀서 소금도 뿌리지 않고 먹었다.

갈매기알 줍기는 오리알과 다르다. 갈매기는 젊고 경험이 없어도 모래에 알을 떨구는 일은 드물며 바위나 조약돌이 많은 곳, 특히 외딴 섬이나 방파제 같은 곳에 알을 낳는 습성이 있다. 더구나 색깔이 주변과 비슷해 눈에 잘 띄지 않는 갈매기알은 마치 2차 세계대전 때 군인들이 입던 녹색 위장 군복을 닮았다. 초보 암컷이 실수한 알이라 해도 경험 많은 암컷이 낳은 것과 알의 생김새나 낳는 곳이 다르지는 않은 것이다. 그러나 갈매기는 낳은 알이 없어지면 그 자리에 다시 알을 낳는 습성이 있다. 더구나 100킬로미터나 되는 호숫가에 인가라고는 한 채밖에 없는 한적한 이곳에 어쩌다 잠깐 사람이 나타났다고 해도 갈매기가 자기 둥지를 버리고 떠나게 만들지는 않았다. 갈매기 둥지는 지난 해 남은 이끼나 잡초들이 건초처럼 부드럽게 말라 있는 작은 바위틈에 자리잡고 있다. 우리가 알을 몇 개 가져간다고 갈매기의 숫자가 줄어들지는 않을 것이다.

갈매기를 조금 더 잘 살펴보자. 둥지를 틀려고 새로운 장소를 찾는 한 무리의 갈매기들이 바위 아래쪽에 있는 둥지 서너 곳을 살펴본다. 그런 곳은 사실 수달이나 다른 동물들에게 알을 빼앗기기 쉬운 곳이라는 것을 녀석들은 이내 알아차린다. 이렇게 이삼 일 보내고 나면 갈매기들은 새로운 장소를 찾아내 둥지를 틀고 그 동안 지친 몸과 마음을 달랜 뒤 알 낳을 준비를 한다. 새로운 무리가 속속 날아들면서 새 둥지를 틀기 위한 갈매기 떼의 집단적인 드라마는 몇 주일에 걸쳐 계속된다. 예전에 우리는 주어온 갈매기알을 물에 식혀 잘 싼 다음 드넓은 호수의 물이 넘나들어 수 주일간 싱싱하게 저장할 수 있는 집 가까운 호숫가 모래밭에 깊이 묻어두곤 했다. 요즘에는 프로판 가스로 가동하는 낡은 냉장고에 갈매기알을 보관한다. 그래도 할아버지는 여전히 갈매기알을 냉장고에 넣기 전에 슈피리어 호수의 얼음처럼 찬 물에 담그시곤 한다.

오늘 할아버지는 따스한 봄볕을 받으며 거울처럼 잔잔해진 슈피리어 호수에 배를 띄우실 참이다. 잔잔하지 않을 때는 지나갈 엄두도 낼 수 없는 거친 여울목이 오늘따라 매끄러운 거울처럼 햇빛을 반사하고 있다. '아그와', 그러니까 우리가 배를 댈 곳은 수면에서 불과 몇 십 센티밖에 되지 않는 그냥 바위다. 하지만 그 바위에는 할아버지가 평생에 걸쳐 봄이면 잔잔한 호수를 오가시면서 알루미늄 보트의 바닥으로 긁은 자국이 생채기처럼 새겨져 있다. 배에서 내리시면서부터 할아버지는 싱싱한 새알의 달콤한 맛을 혀끝으로 느끼고 계셨는지도 모른다. 하기야 할아버지께서는 지난 2년 그 맛을 잊고 사셨다.

그런데 새알을 줍기에는 시기가 좋지 않았다. 해가 가장 긴 하지가 열흘밖에 남지 않았다. 여름이 다가오고 있었던 것이다. 나는 시기적으로 너무 늦었다고 말씀드렸지만 할아버지는 들은 척도 않으신다. 이때쯤이면 알은 이미 얼마간 부화된 상태였기 때문에 시작된 생명을 꺾는 것 같아 가슴이 아팠다. 할아버지는

"좀 보자꾸나. 우리가 더 일찍 올 수는 없었잖니?"

라고 말씀하셨다. 그 말씀에 나도 알의 온기와 무게로 부화 상태를 알

수 있으니까 미리 걱정하지는 말자고 스스로를 위안했다.

감자 포대를 내리듯 다섯 살 난 아이를 따뜻한 바위 위에 내려 놓았다. 나는 아들에게 당부했다.

"꼼짝 말고 여기 있어야 한다. 알이 있는지 발 밑을 잘 살펴렴!"

할아버지는 요정처럼 가벼운 발놀림으로 거친 바위를 춤추듯 다니며 경이로움에 사로잡힌 다섯 살배기에게 눈에 잘 띄지 않는 알이 있는 곳을 가리키신다. 그러자 우리가 온 것을 알아차린 어미 갈매기들이 바위로 허둥지둥 올라왔다. 갈매기들은 알의 보호색이 우리 눈을 가려주기를 기대하는 한편, 우리 발길이 자기 새끼들로부터 멀어지도록 유도하려고 갖은 애를 썼다. 그런 와중에 할아버지는 빙긋이 웃음을 지으시며 어린 갈매기 새끼 한 마리를 잡으셨다. 제법 몸집이 큰 그 녀석은 얼룩덜룩하게 이끼 낀 화산석 같은 빛깔을 하고 있었다. 할아버지께서 알이 아니라 갈매기 새끼를 산 채로 잡으셨다는 사실에 나는 당혹했다. 할아버지께서 일부러 그렇게 하셨을 뿐 아니라 그 '선물'이 새알 못지않게 달콤하다는 점을 나는 뒤늦게 깨달았다. 바람 한 점 없이 따뜻한 늦은 봄날, 물결이 숨죽인 듯 고요한 슈피리어 호숫가에서, 헐렁한 외투를 뒤집어 쓴 다섯 살배기 아이가 난생 처음 잿빛 갈매기의 새끼를 쓰다듬는 것을 바라보며 나는 소름이 돋는 듯한 전율을 느꼈다. 오늘은 알이 문제가 아니었다. 위대한 호수가 가슴에 품고 있는 비밀에 우리가 다가가는 날이었던 것이다. 아들아이가 다섯 살이나 되어서야 그 비밀을 보여 준다는 사실이 부끄럽기만 했다.

장화를 젖지 않게 하면서 바위 위의 보트를 물 위로 밀어 띄우는 기술은 거의 예술에 가깝다. 보트 위에서 적절하게 무게와 균형을 유지하는 일은 우리 가족에게는 제 2의 천성과도 같은 것이다. 할아버지와 나, 그리고 다섯 살배기 아들은 호수의 고요함을 깨뜨리지 않으려 2.5 마력짜리 엔진의 시동을 켜지 않은 채, 작은 바위섬이 평상으로 돌아가는 것을 바라보며 조용히 미끄러지듯 노를 저었다. 둥지 속의 갈매기 새끼들이 먹이를 물고 돌아온 어미새를 향해 목을 빼들기 시작하자 얼룩얼룩한 회색 빛 바윗돌들이 들썩거린다. 우리가 완전히 관심을 거둔 줄 알고 안심한 새끼들은 둥지 밖으로 나오기도 하고, 돌멩이틈 은신처로 달려가기도 한다.

덩치가 커다란 호기심 많은 갈매기 새끼 한 마리는 호수로 뛰어들어 헤엄을 치며 우리를 한동안 따라왔다. 우리는 소리를 질러 그 새끼를 어미한테 쫓고는 어쩐지 큰 사고라도 막은 것 같은 안도감에 크게 웃었다. 다섯 살배기 아들에게는 평생 잊지 못할 산교육이 되었을 터이다. 갈매기알을 찾는 일은 이제 더 이상 먹고 살기 위한 문제는 아니다. 그리고 어차피 이 아이는 앞으로 가게에서 달걀을 사 먹으며 살게 될 것이다. 할아버지는 자신의 체험과 기술과 가치를 이 아이와 나누고 싶은 거다. 이 아이는 자원이 풍부한 북부 세계에서 살아 온 우리의 옛 생활 방식과 지식, 상식과 자유에 대해 이해할 수 있는 마지막 세대가 될지도 모른다. 우리에게 필요한 것은 언제나 얻을 수 있다는 것을 아이에게 몸소 보여 주신 할아버지야말로 참으로 현명한 분이시다.

바람의 신, '에파니기쉬무그'가 휴식을 취하고 있다. 무시무시하고 위압적인 바람의 야수가 잠이 든다는 것은 슈피리어 호수의 소인들이 움직일 기회가 된다. 소인들이 숲에서 나와 작은 보트에 올라타고, 그런 날이 아니면 가 볼 수도 없는 곳까지 구석구석을 즐기고 탐험할 수 있게 되는 것이다. 바람이 잠들면 거대한 절벽조차도 푸근하게 사람의 손길을 허용한다. 두툼한 발굽이나 든든한 발톱을 가진 순록이나 무스, 곰, 수달들만이 아는 섬과 동굴이 슈피리어 호숫가 사람인 우리에게도 삶의 공간이 되는 것이다.

북쪽 숲속의 소인들

소인들을 오지브웨이 부족 전설에나 나오는 상상 속의 존재로 치부하는 사람들이 적지 않다. 하지만 우리를 둘러싸고 있는 자연환경, 나이를 알수 없는 고목들, 끝간 데 없이 광활한 호수와 강에 비하면 너무나 작은 우리네 인간들이 바로 그 소인이 아닌가? 우린 하나이고 모두가 같다. 우리는 어떤 때는 무척 크기도 하지만 어떤 때는 아주 작아지기도 한다. 에파니기쉬무그가 잠들고 슈피리어 호수가 우릴 향해 팔을 벌릴 때 우리는 한없이 작아진다.

오늘처럼 물이 맑은 날이면 우리는 호기심을 못 이겨 조그만 보트 너머로 목을 길게 늘어뜨린다. 배 아래는 천길 낭떠러지고, 우리는 그 가파른 절벽 위에서 출렁이는 물 위에 떠 있는 것이다. 물 밑 15미터까지 훤히 보이는 배 위에 있노라면 우리는 흡사 구름 한점 없는 창공을 나는 독수리라도 된 기분이다. 곤들매기가 왕방울 같은 눈으로 우리를 쳐다보며 유유히 헤엄치고 있다. 파도는커녕 잔물결조차 일지 않는다. 이런 날은 곰들도 헤엄치지 않고, 순록조차 물을 마시러 나오지 않는다. 호수에는 오로지 소인인 우리들이나 수달같이 작은 포유류만 분주할 뿐이다. 우리는 가재처럼 그저 이 호수의 한 부분인 것이다.

우리는 작은 배에서 내려 언제나 젖어 있어서 나약한 인간이 걷기에는 결코 안전하지 않은 바위를 기어 올라간다. 오랜 세월 파도에 닳고 닳은 바위를 잡을라치면 손이 자꾸 미끄러진다. 우리 발이 닿는 곳은 용암이 분출되자마자 곧바로 굳으면서 오래 된 소스처럼 쭈글쭈글해진 화산암이다. 오랜 세월에 걸쳐 흙이나 부드러운 돌은 말끔히 씻겨지고 단단한 용암만 남은 이곳은 슈피리어 호수에서만 볼 수 있는 풍광이다. 이렇게 바윗돌 표면이 단단하고 빈틈없는 까닭에 이끼와 같은 지의류조차 살아남지 못한다. 그런 바위를 우리 소인들은 기어 오른다. 작고, 결코 누구를 침략하지도 않으며, 가볍고, 바람처럼 갇힘이 없고, 무한한 우리 소인들이 말이다. 우리는 바로 이 거대한 호수가 품고 있는 여러 비밀 가운데 하나인 셈이다.

그 섬은 너무 작아 그 동안 배를 댈 엄두를 내지 못했던 곳이다. 그런데 놀랍게도 바로 옆 큰 섬과의 사이에 깊이가 30미터쯤 돼 보이는 깊은 협곡이 가로놓여 있었다. 바위투성이 기슭은 다른 부속 섬들과는 사뭇 달랐다. 큰 섬에서 보면 툭 터진 호수 쪽에 위치한 그 작은 섬을 에파니기쉬무그가 그냥 내버려 두지 않았던 탓에 나는 감히 그 주변을 둘러볼 생각조차 해본 적이 없었는데 드디어 그 기회가 온 것이다. 나는 눈을 아래로 고정하고 한번도 가 본 적이 없는 미지의 여울목을 바라보고 있었다. 하지만 할아버지는 곧장 바위 쪽으로 배를 저었다. 내가 배 뒤쪽으로 옮겨 앉자 배 앞쪽이 들리면서 여울목을 살짝 긁으며 지나쳤다. 바람 한 점 없으니 그냥 두고 간다 한들 배가 떠내려갈 가능성은 없지만 해안에 닻을 내렸다.

"난 이쪽으로 갈 테니 너희 둘은 다른 쪽을 둘러 보렴."

"할아버지, 나랑 같이 가요!"

"아니야, 엄마를 따라 가렴, 어서. 난 너한테 줄 깜짝 선물을 준비해야 하거든."

얼마 되지 않아 우리는 그 섬 끝에 있는 좁은 바위 절벽에서 만났다. 바람도 없고 햇살이 따스하게 내리쬐는 늦은 아침, 우리는 웃옷을 벗어 바위에 걸쳐 두고 무릎을 굽혀 호수의 물을 마셨다.

"에이, 순록을 보여 주고 싶었는데…."

실망한 투로 할아버지가 말씀하신다. 수없이 순록을 봤지만 먹을 것도 없는 이 손바닥만한 섬에 순록이 뭣 때문에 쪼그리고 앉아 우릴 기다리겠는가 싶어 나는 의아하기만 했다.

"내가 이쪽에서 그 녀석을 몰아 너희와 마주치게 할 참이었거든."

언젠가 순록이 내 옆을 휙 지나가는 바람에 깜짝 놀랐던 기억이 되살아 났다. 할아버지의 그 말씀을 듣자 웃음이 나면서도 어깨를 움찔해야 했다. 나는 옆 섬으로 눈을 돌렸다. 어쩌면 60미터쯤 떨어진 그 큰 섬에서 순록이 배를 깔고 우릴 바라보고 있을지도 모를 일이었다. 삼나무 숲을 살피며 녀석이 우릴 비웃고 있는 건 아닐까 하는 생각도 했다.

물을 마시려 다시 무릎을 굽히면서, 이렇게 잔잔하고 더운 날 물가에서 희한한 포유류가 물 마시는 정경이 과연 순록의 눈에는 어떻게 보일까 궁금해하고 있을 때였다. 물을 삼키는데 눈앞으로 무언가 휙하고 지나는 것 같더니 이내 그 요란한 발굽소리에 귀청이 떨어지는 것 같다. 떠드는 소리에 놀란데다 실제로 우리를 보기까지 하자 그 커다란 덩치의 순록은 힘껏 돌진하여 물로 뛰어들었던 것이다. 거울 같은 수면에 그 녀석의 가슴과 턱이 또렷하게 반사됐고, 투명한 물 속에서 힘차게 다리를 젓는 모습도 고스란히 보였다. 내 평생 그렇게 큰 순록을 처음 본 것이다.

"저기 새끼가 한 마리 있구나."

할아버지께서 잔가지로 가득 찬 바위틈을 가리키셨다. 그곳은 예전에 인디언이 구리를 캐던 폐광이었다.

"그 녀석이 새끼를 보러 왔던 게야."

할아버지는 그 순록이 마치 옛 친구나 되듯 말씀하셨다. 나는 그 말씀을 들으며 할아버지와 그 순록에게서 늙은 황소 두 마리가 무언의 대화를 주고받는 모습을 떠올렸다.

할아버지께서 온몸으로 웃으셨다. 팔을 내려뜨린 채 순록의 출현이 마치 자신의 업적이기라도 한 양 기뻐하셨다. 정말 못 말리는 노인네다. 오늘도 뭔가를 가르치신 것이다. 살아남기 위해 알아야 할 우리의 자연 환경에 대해 속속들이 알고 있어야 한다는 메시지를 남기신 것이다. 우리 소인들이 곰이며 순록, 무스 같은 거대한 동물들에 대해 알아야 할 많은 것들을 알지도 못한 채 그들을 함부로 사냥하려 해서는 안된다는 말씀이셨다.

할아버지께선 괜히 젠체하려 우리를 이곳에 데리고 오신 것이 아니었다. 사냥보다 더 중요한 우리 부족에 관한 공부를 시켜주신 것이다. 우린 이제 사냥으로 먹을거리를 해결하지 않는다. 할아버지는 우리가 언제나 능력 있고 자존심이 있으며, 환경과 자원이 변했어도 영리하고 융통성 있게 대처하는 강한 민족임을 가르쳐 주셨다. 일부러 그렇게 한 건 아니지만 북아메리카에서 가장 잘 보존된 비밀도 결국은 우리에 관한 것임을 안다. 소인이라고 해서 우리가 작게 존재해야 한다는 의미는 아닌 것이다. 우리는 스스로를 크게 만들 방법과 시기를 항상 알고 있어야 한다. 그렇게 큰 순록이 헤엄쳐 사라지는 것을 보며 포복절도하듯 웃어제낄 때 할아버지는 거인으로 우뚝 서 있었다.

이제 우리는 다시 작아질 때가 됐다. 순록의 어미와 새끼를 더 이상 성가시게 하지 않고 작은 섬을 살그머니 빠져 나올 때가 된 것이다.

오늘 우리는 변신을 경험했다. 우리 스스로 뿌듯함을 깨우친 날이었다. 조상들이 물고기나 동물로 변신하는 것을 실제로 봤다는 우리의 믿음을 미신에 사로잡힌 것이라며, 우리를 무식한 바보로 취급했던 이방인들의 어리석음에 대해 조소를 보낼 수 있게 해준 날이기도 했다. 오늘 송어와 창꼬치, 철갑상어가 호수 아래 계곡을 헤엄치는 동안 우리는 산꼭대기 너머로 훨훨 날아다녔던 것이다.

그 셔츠는 열두 살쯤 된 어린 소년이 춤 출 때 입으면 어울릴 듯싶게 온갖 장식이 알록달록했다. 그런데 그 셔츠가 광활한 슈피리어 호수가 바라보이는 호반에서 발견되었다면 바람에 실려 왔겠거니 할 수 있었다. 설사 셔츠 주머니에 카지노에서나 주워 왔음직한 볼펜이 들어 있고, 그 볼펜이 여전히 쓸 수 있는 것이었다 해도 나는 대수롭지 않게 여겼을 터이다.

그러나 그 셔츠가 이렇게 얼기설기 복잡하게 바위로 삥 둘러쳐진 손바닥만한 물가에서 발견되었다는 점은 나를 놀라게 했다. 불가사의한 조류의 흐름 때문인지, 아니면 깎아지른 수중 절벽을 따라 여울목을 넘나드는 물결의 수고 덕분인지는 알 수 없었다. 그저 호수가 주는 기적의 선물이라고 할 밖에는.

추억을 보관하는 선반

그래서 나는 셔츠를 이곳에 그냥 남겨 두는 것이다. 내 처소가 아니니 내가 가질 권리도 없지만 호기심으로 가져가거나 기념품으로 여길 수도 없는 물건이다. 그 셔츠는 지나치다 싶게 모든 것을 갖춘 한창때의 청춘을 표현한 것이라고나 할까? 어쨌든 사내아이라면 갖고 싶어 안달할 만큼 완벽한 댄스 셔츠의 결정판이다. 셔츠의 앞면에는 날염처리 된 커다란 곰이 있고, 리본이 주렁주렁 달려 있다. 아이들은 그 많은 리본만 봐도 입이 함박만해질 것 같다. 나는 이 셔츠를 누군가 캠프장에서 어쩌다 잃어버린 것으로 보지 않는다. 오히려 누군가 의도적으로 이 셔츠를 호수에 선물로 바친 것이라 믿는다. 한 소년이 음식과 영양분, 끝없이 이어지는 환대와 시련과 배움을 베풀어 준 호수에 나름대로의 감사를 전한 것이다. 이는 그가 소년에서 비밀스럽고 책임감에 싸인 청년기로 넘어가기 위해 첫발을 내딛는 의식이기도 하다. 힘이 넘치는 소년의 몸을 덮었을, 한때는 빛나는 새 것이었을 그 셔츠는 이제 거대한 호숫가에서 색이 바래고 너덜너덜해졌지만 매력까지 사라진 것은 아니었다.

셔츠를 이곳에 남겨 두는 것은 마나부주의 아내, 민와우를 위해서다. 그녀가 이 자그맣고 돌투성이인 호숫가의 호젓한 산책로를 자주 찾는다는 것을 내가 알기 때문이다. 그녀는 가파른 잡목숲을 오르면서 이 손 저 손으로 향긋한 래브라도 찻잎을 따고, 마른 가지 덤불숲을 헤치고 잘 여문 스노우베리가 기다리는 섬의 정상까지 오른다. 하얀 색의 커다란 열매인 스노우베리를 아는 사람은 그녀와 나뿐이다. 혀에 착 달라붙는 그 맛은 잘 익은 딸기와 비슷하지만 그보다 더 달콤하고 바위앵두의 향기가 난다. 이곳의 스노우베리는 해마다 나와 그녀가 딱 한 줌씩 가질 만큼만 열매를 맺는다. 찾아오는 길이 아무리 힘들다 해도 먼저 오는 사람은 뒤에 올 다른 사람을 위해 언제나 얼마간의 열매를 남겨 둔다.

그래서 나는 그녀를 위해 셔츠를 두고 가는 것이다. 수천 년의 세월을 지켜본 거대한 호수의 힘으로 그녀에게 보내진 열두 살 소년의 선물. 열매를 남겨 두듯 그녀에 대한 외경심에서 나는 셔츠를 두고 간다. 그 오랜 세월, 모든 것들을 그래 왔듯이 그녀는 셔츠를 어떻게 해야 할지 알고 있을 것이다.

그녀의 인내심은 참으로 대단했다. 그녀가 아니었으면 우리의 스승이면서도 어리석은 허풍쟁이인데다, 툭하면 성질을 부리는 마나부주가 결혼을 할 수나 있었겠는가 말이다. 비록 많은 시행착오를 했지만 마나부주는 우리가 사는 세상을 만드신 '가장 위대한 영혼'을 도와주는 존재다. 마나부주는 우리의 훌륭한 스승인 동시에 존경과 웃음을 자아내게 한다. 나는 어떤 소년이 이 셔츠를 그런 마나부주에게 선물로 남긴 것이라고 생각한다. 물론 그 선물, 즉 셔츠를 처리하는 일은 당연히 그의 아내 몫일 수밖에 없다.

그녀는 셔츠에서 삼나무 잔가지를 털어 낼 것이다. 무릎까지 차가운 호수에 담근 채 알알이 박힌 모래알을 터느라 물 먹어 무거워진 셔츠를 몇 번이고 흔들어 빨겠지. 그러다 발이 시리면 이따금 햇볕에 달궈진 모래를 밟으며 쉬기도 할 거야. 그녀는 셔츠를 널기 위해 해가 잘 드는 검고 편평한 바위로 걸어간다. 발끝으로 셔츠의 한쪽을 누르고 다른 쪽은 양손으로 비틀어 남은 물기를 짜낸다. 그러곤 하루 해를 잘 받을 수 있게 반듯이 펴 두겠지.

그녀는 파도에 밀려 터지고 헤진 곳을 찾아 조심스럽게 수선한 뒤 부드럽고 색 바랜 셔츠를 가지런히 갠다.

"마나부주, 이 셔츠를 어떻게 할까요?"

"나한테 맞을까?"

"어린아이 옷인데 어떻게 맞겠어요? 어리석기는…."

"어디 봐! 거참, 정말 어린애 옷이군. 사내아이들이 그렇게 곰을 좋아하나?"

"사내아이들은 곰이 자기를 강하게 만든다고 믿으니까요."

"그러니 아직 어린 아이지. 그 아이도 결국엔 토끼나 개구리한테서도 배울 것이 있다는 것을 깨닫게 될 거야. 아이들이란 황당한 데가 있어서 모든 것을 단번에 배우고 싶어하거든. 평생이 실수의 연속이라는 것을 모르고 말이야."

"그래서 사람들이 당신을 그렇게 좋아하는 거예요. 일일이 자기들이 실수를 해서 교훈을 얻지 않아도 되도록 당신이 대신 해 주니까."

그 둘의 모습을 본다면 참으로 가관일 것이다. 하지만 마나부주 부부는 어린 솔가지처럼 부드러운 웃음을 주고받으며 서로 이마를 기댄 채 속삭이듯 짧게 입맞춤을 한다.

"이 셔츠를 어떻게 하지요?"

긴 머리카락을 빗다 박새 한 마리를 쫓아내며 그녀가 다시 묻는다.

"저기 미네소타에서 여기까지 떠내려 온 것 같은데."

"다른 것들과 같이 두지 뭐."

"당신은 별채를 한 채 더 지어야 할 거예요."

그녀는 커다란 별채로 느릿느릿 발걸음을 옮기면서 볼멘소리를 한다.

"내가 그렇게 나쁜 사람이면 그물 치러 갈 생각을 하겠어?"

마나부주는 잔잔한 호수를 바라보다 그 매처럼 험악하게 생긴 큰 머리를 한 번 흔들더니 발가락으로 거대한 카누를 밀어 호수로 나아간다.

그녀는 삼나무 껍질을 보관하는 거대한 창고의 문간에 서서 어두운 실내에 눈이 적응하기를 기다리며 나직한 소리로 흥얼거리고 있다. 마나부주는 애착을 가지고 이 창고를 지나치다 싶을 정도로 크게 지었다. 그는 수백 세대가 지나도 끄떡없는 건물을 지으려 했고, 실제로 오랜 세월 동안 잘 유지되어 왔다. 창고 기둥은 속이 비지 않고 단단한 삼나무를 썼다. 기둥 둘레는 어른 남자의 몸통보다 더 굵고, 가로보의 굵기도 기둥의 반 정도 됐다. 그녀는 창고의 천정을 겨우 볼 수 있을 정도였다. 건물 외관은 삼나무 껍질을 서로 맞물려 여러 겹 쌓은 뒤 뿌리와 껍질로 고정했다. 왼쪽 벽을 따라 마루에서 천정까지는 튼튼한 기둥에 삼나무 가지를 정성껏 엮어 선반을 만들었다. 마나부주는 아내가 운동장 같은 벽 여기저기로 사다리를 일일이 들어 옮기지 않아도 되도록 튼튼한 사다리를 여러 군데 설치하는 세심한 배려도 잊지 않았다.

그녀는 그 셔츠를 어깨에 걸친 채 자기 키보다 몇 배나 높은 곳을 조심조심 올랐다. 셔츠의 낡은 옷감을 정겹게 만지작거리며 "할아버지 것들과 같이 여기에 둬야겠네."라고 혼잣말을 한다. 그리고 이미 가지런히 갠 셔츠를 다시 한번 쓰다듬으며 주름을 펴고 삼나무 껍질과 두더지털로 촘촘히 짠 부드러운 노란색 셔츠들이 겹겹이 쌓여 있는 위에 얹었다. 옛날 할아버지 세대의 그 부드러운 셔츠의 촉감이 새삼스러운 듯 그녀의 얼굴에 아쉬운 미소가 번진다. 이제 더 이상 삼나무와 두더지털로 짠 옷감을 구경할 수 없게 됐으니 말이다.

슈피리어 호수에서 시작된 바람이 불어오는 이곳 섬들
사이 물 흐름에는 특이한 현상이 발견된다. 북서풍에서 남서풍으로,
혹은 그 반대로 바람의 방향이 바뀔 때마다 물의 흐름이 마치 거
대한 회오리바람 속에서 요동치듯 하는 것이다. 드넓은 호수
를 거침없이 밀려온 파도가 휘어감기듯 호반을 때리는 바
람에 생기는 이 같은 요동으로 물 밑에 칼로 자른 듯한
모래톱이 생겨난다. 이 때문에 강에서 멀리 떨어진 곳
해안에, 전혀 있을 법하지 않은 뜻밖의 장소에 모래
사장이 생기는 것이다.

나랑스런 바니

할아버지가 사시는 육지가 빤히 보이는 손바닥
만한 섬집 바로 건너에도 그런 모래밭이 있다. 강
하게 휘어감기는 조류는 수중 장애물에 부딪혀 한
편에는 모래를 남기고, 그 때문에 한층 흐름이 빨
라지면서 다른 쪽에 깊은 수로를 만들어 낸다. 이
로 인해 흐름이 느린 물과 빠른 물이 꼬리에 꼬리
를 물 듯 교차하고, 얕은 곳과 깊은 곳의 물이 뒤섞
이는 묘한 현상이 일어나게 된다. 순록들이 육지를
들고 날 때 가까운 이 모래밭을 이용하지 않고 돌투성
이 여울을 헤엄쳐 다니는 것도 이 때문이다. 그래서 바
람 부는 방향을 잘만 살피면 순록들이 어디로 이동할 것인
지를 충분히 예측할 수 있다.

호수가 명경 같은 오늘, 우리는 육지의 급경사를 따라 배를 몬
다. 초여름에는 물풀이 없어 섬과 섬을 이어주는 수로의 물 속은 어느

때보다 훤히 들여다 보인다.

"오늘은 바니도 얕은 물에서 일광욕을 하겠군."

할아버지는 자신 있게 말씀하신다. 할아버지는 철갑상어를 '바니'라고 부르신다. 삼십 분 남짓 우리는 조금씩 나아가며 푸른빛 모래톱이 어른대는 물에 손가락을 담그고

"이리로 오렴, 바니야."

라고 흥얼댄다. 하지만 운이 없었는지 점심을 먹으러 집으로 돌아올 때까지 바니는 코빼기도 보이지 않았다.

이번 바니 찾기에 나서는 바람에 그 동안 귀에 못이 박히게 들어온 철갑상어 이야기를 또 듣게 됐다. 물론 그 이야기는 언제 들어도 재미있고, 듣고 또 들어도 질리지는 않는다. 그런데 지금은 할아버지가 입에 음식을 잔뜩 물고 얘기하시는 관계로 우리는 귀만 열어 놓고 시선을 창 너머 부두로 돌렸다. 새들이 물 속의 먹이를 노려보고 있다가 물 속에 고개를 처박아 한 입 물고 맛있게 삼키는 모습을 보며 딴청을 피우는 것이다.

철갑상어는 아주 특별해서 그리 흔하게 볼 수 있는 물고기가 아니다. 물 밖에서도 몇 시간씩이나 살 수 있다. 그 옛날 인디언 어부들이 철갑상어를 맨 먼저 잡지 않도록 조심했던 것도 그 때문이다. 녀석들이 걸려 들면 곧바로 물로 되돌려 보내고 다른 물고기를 잡으려 했지만 항상 뜻대로 되는 것은 아니었다. 어쩌다 작은 보트나 카누가 꽉 찰 정도로 큰 녀석이 잡히면 뚝심 좋은 어부가 양다리로 걸터앉아 누르고 있어야만 했다. 녀석의 고기맛은 기가 막히게 좋고, 쫄깃한 연골질의 등뼈는 훌륭한 접착제의 원료이기도 하다. 하지만 녀석들은 번식력이

낮았기 때문에 우리는 조상 때부터 철갑상어를 마구 잡는 어리석음을 결코 저지르지 않았다.

이보다도 철갑상어를 아끼는 더 중요한 이유는 바로 녀석들이 돌고래처럼 좋은 성품을 지니고 있다는 점이다. 녀석들은 호기심도 많고 사람을 잘 따른다. 녀석들의 그런 천성을 이용해 득을 보려 하는 것은 어린아이나 애완 동물을 학대하는 것과 마찬가지다. 철갑상어를 남획하는 것은 도덕적으로도 도저히 용납할 수 없는 일이다. 철갑상어가 그냥 걸려준다면 그것은 녀석이 선사한 엄청난 선물인 셈이다.

옛날에 거친 날씨에 이곳으로 고기잡이를 왔던 젊은 두 인디언 어부가 무심코 그물을 너무 얕게 쳤다가 철갑상어를 잡았다. 살아 있기는 했지만 그 녀석은 스트레스를 받은 듯했다. 두 어부는 상어가 살 수 있을 것 같지 않아 호수로 돌려 보내는 것도 내키지 않았다. 그들은 애초부터 철갑상어를 잡으려 했던 것도 아니고, 녀석을 잡아두고 싶은 생각도 없었다.

해서 그들은 녀석을 아일랜드 출신의 백인이면서 인디언 여인을 아내로 맞은 빌 아저씨에게 주기로 했다. 그들 생각으로는 살아 있는 상어만 아니면 아저씨가 양심의 가책 없이 먹을 수 있을 것 같았다.

그들이 거대한 통나무 부두 안에 배를 대자 빌 아저씨가 물가로 손수레를 끌고 왔다. 바지도 벗지 않고 신발도 신은 채로 그들은 무릎깊이의 물에서 힘들게 철갑상어를 끌어냈다. 상어는 길이가 120센티미터나 됐다. 젊은이 둘이 겨우 들어 빌 아저씨가 잡고 있는 손수레로 옮겼다.

빌 아저씨는 손수레를 그늘에 끌어다 놓고 양동이로 물을 길어 녀석의 몸뚱이에 퍼부었다. 아가미를 적셔주고 피부를 촉촉하게 해주면 녀석이 좀 편해질까 싶어서였다. 빌 아저씨가 계속해서 녀석의 몸에 물을 뿌려 숨을 쉴 수 있게 해주는 동안 녀석은 퍼덕거리거나 꿈틀대지는 않았지만 시원한 물로 자기를 돌봐주는 빌 아저씨의 행동을 하나도 놓치지 않았다.

빌 아저씨는 물 밖으로 나온 철갑상어의 몸에 아무리 신선한 물을 퍼부어 준들 제대로 도움이 되지 않는다는 것을 깨닫고 녀석을 호수로 돌려 보내기로 마음 먹었다. 녀석이 아직 어리기는 하지만 호수로 돌아가면 회복될 수 있다고 본 것이다. 빌 아저씨는 녀석을 가둬둘 물 우리를 만들까도 생각했지만 자신이 가지고 있는 재료들을 살펴보곤 이내 그 계획을 떨쳐 버렸다. 그날 아침 따라 호수가 거칠었기 때문이다. 이곳은 물결이 조금만 일어도 무거운 것들이 해안 쪽으로 밀려 왔다 나갔다 했다. 여기에 통나무와 거대한 바윗돌로 커다란 부두를 세운 것도 바로 그 이유 때문이다.

점심을 드시면서 철갑상어 이야기를 이어가시던 할아버지는 이 대목에서 입 속의 음식을 꿀꺽 삼키시며 킬킬 웃으셨다. 사실 할아버지는 엄청난 그 태풍이 지나간 후 아무런 도움도 받지 않고 혼자 이 특별한 부두를 재건하셨다. 할아버지께서

"클라마토 주스 있냐?"

하신다.

내가 주스를 찾으려고 식탁 의자 아래 선반을 뒤지는 동안 이야기가 잠시 끊어졌다. 나는 할아버지가 안 보실 때 통조림이나 주스 깡통을 종류별로 정리했다. 산 지 오래 돼 보이는 깡통을 맨 앞줄 잘 보이는

곳으로 옮겼다. 그래야 혹시라도 녹이 슬어 선반을 얼룩지게 만들기 전에 먹어 치울 수 있을 것 같았다. 녹이 약간 슨 깡통에서 모래와 먼지를 떨어내고 혹시 곰팡이가 피지나 않았는지 살펴본 뒤 할아버지가 제일 좋아하시는 잔에 주스를 따라 드리면서 듣다가 만 이야기로 돌아갔다. 줄거리야 이미 알고 있지만 더 자세하게 듣고 싶었다. 우린 클라마토 주스를 좋아하지 않았지만 재미있는 이야기를 들으려면 할아버지께 그 정도 서비스는 당연한 것이었다.

이제부터 이어질 이야기야말로 할아버지가 가장 재미있어 하시는 대목이다. 계속 웃으시느라 얘기가 끊어지기 일쑤다. 할아버지가 음식을 입 안 가득 넣고 계시거나 말거나 우린 이야기만 들을 수 있으면 아무 상관 없었다.

빌 아저씨는 상어의 등지느러미 사이에 밧줄을 느슨하게 매어 부두에 묶어 놓기로 했다. 효과가 있었다. 상어는 훨씬 편안해 보였다.

나는 다른 쪽 창 너머로 보트창고의 열린 문을 통해 둥글게 감긴 밧줄이 여기저기 걸려 있는 것을 보았다. 빌 아저씨는 그때 어떤 밧줄을 사용했을까? 그것이 아직 여기 있을까? 상어를 감았던 그 밧줄을 우리 중 누군가가 쓴 적이 있을까? 우리 가족에게 그 밧줄은 유명한 것이 되었다.

이젠 빌 아저씨의 아내, 앨리스 아주머니를 이야기할 차례다. 아주머니는 철갑상어가 배와 옆구리를 쓰다듬어 주면 좋아하며, 정기적으로 사람들과 대화를 나눈다는 이야기를 들으며 자랐다. 그래서 앨리스 아주머니는 철갑상어를 돌보기 위해 수영복 차림으로 물 속에 들어섰다. 그 모습을 본 녀석은 처음엔 무척 놀랐지만 아주머니가 쓰다듬고 어루만져 주자 이리저리 몸을 움직이고 나중엔 흥얼대며 콧노래까지 부르게 되었다.

그런데 잘 해 줄수록 앙알거리는 집고양이마냥 녀석은 만족할 줄 몰랐다. 아주머니가 차가운 물 속에서 나와 몸을 따뜻하게 하며 모래밭에서 쉴라 치면 녀석은 은빛 지느러미를 계속 쓸어 달라며 어떻게나 보채는지 상어의 노랫소리는 점점 커졌고 앨리스가 물 밖으로 나갈 때마다 안달복달하는 통에 온 식구가 돌아가며 녀석을 달래 줘야 했다. 도저히 참을 수 없게 된 빌 아저씨는 결국 밧줄을 풀고 녀석을 부두 밖으로 쫓아 버렸고 녀석은 수심 2미터쯤 되는 호수 속으로 사라졌다. 빌 아저씨 부부가 그 녀석을 '바니'라 부른 게 이 무렵이었다.

그렇지만 그렇게 떠난 바니는 한 시간도 못 되어 돌아왔다. 그러나 점차 하루에 몇 분간만 쓰다듬어 주는 것으로 녀석의 마음을 달래 준지 일주일쯤 지나서 빌 아저씨는 아주머니와 아이들을 데리고 원래 직장인 철강소로 돌아갔다.

"나도 녀석을 볼 때마다 가까이 가서 쓰다듬어 주려고 했지. 하지만 나는 바빴단다. 그리고 그 녀석은 앨리스만 좋아했거든."

할아버지가 말씀하셨다.

상어가 돌아올 것 같으냐고 백 번도 넘게 물었는데 할아버지는 대답을 피하신다. 태양이 여울에 잔잔히 반짝이는 날 함께 다시 가 보자며 미소만 빙그레 지으셨다.

나는 빨래를 헹구느라 무릎 깊이의 물에 들어갈 때면 움푹 들어가 있어 아무것도 보이지 않는 호수 급경사면 건너편을 응시하고 또 응시하며 속삭이듯 불러 본다.

"바~니…."

보트를 타고 육지의 넓은 모래사장을 지날 때면 내 아이들이 잔잔한
호수 위로 맑게 퍼뜨리는 목소리를 듣는다.

"바~~~니~~~."

할아버지의 집은 쉬고 놀고, 일하고 재충전하기에 딱 좋다. 그래서 우리는 할아버지가 안 계시더라도 그 섬을 자주 찾는다. 언제나 문이 활짝 열려 있는 할아버지의 집은 우리 자신의 어린 시절처럼 우리들 삶의 일부이다.

잠잘 때 이용하는 통나무 오두막인 '와우케곤' 옆으로 가파른 절벽과 바위투성이 호숫가가 펼쳐진다. 거칠고 황량한 곳이기는 하지만, 슈피리어 호수는 군데군데 구석진 곳과 갈라진 틈새에 제법 오래되고 커다란 나무들을 키워냈다. 비버들이 갉아 쓰러뜨린 자작나무도 있고, 수명이 다해 속이 텅 빈 채 언젠가는 파도에 쓰러져 호수로 무너져 내릴 삼나무 고목도 있다.

어린 날의 통나무 북

어느 해인가 호수는 우리를 위해 꽤 높이 있는 바위 위에 근사한 북을 하나 날라다 주었다. 길이는 1.5미터에 지름이 1미터 가까이 되는 그 삼나무는 속이 텅 비어 있었다. 껍질이 얇은데도 단단하고 매끄러운 그 통나무를 가는 나뭇가지를 북채 삼아 두드리자 위치에 따라 소리가 다른, 온화하면서도 아주 높은 북소리를 냈다. 그 후 여러 해 여름동안 우리는 따뜻한 바위에 앉아 등을 벼랑에 기댄 채 그 북을 두드리며 알고 있는 인디언 노래란 노래는 다 부르며 놀았다.

섬집 맞은편에 또 다른 섬이 있다. 우리가 야구 방망이로 돌을 맞춰 그 섬으로 날려보낼 수 있을 만큼 그 섬과의 거리는 아주 가까웠다. 통나무가 있는 바위 골짜기에는 두 섬의 거친 기슭에 부딪치는 파도와 빠른 물살 때문에 물소리가 언제나 시끄러웠다. 우리는 더 시끄러운 소리를 내는 옆 섬을 '수도꼭지' 라 불렀다. 파도가 거칠어져 이 수도꼭지에서 한바탕 소란이 이는 날이면 우리는 마치 파도 소리와 싸우기라도 하듯 목청을 더 높여 노래를 불러댔다. 같은 노래도 오지브웨이 말로 부르면 더 신나고 재미있다. 그럴 때면 나는 동심으로 돌아간 듯한 기분을 느끼곤 했다. 그렇게 신나게 놀아도 다른 사람이나, 심지어 야생 동물의 눈치를 볼 필요도 없었다. 설령 누가 보거나 들었던들 우리 노랫소리를 갈매기 울음소리와 구분하기 힘들었을 것이다.

"오늘 밤에 호숫가에서 모닥불을 피울 알맞은 나무를 찾았단다."

요즘 점점 잠이 없어지신 할아버지가 말씀하신다. 그는 모닥불을 큼직하게 피우시고는 낮과 별 총총한 밤으로 가득한 지난 세월을 밤새 회상하시길 즐기셨다. 나는 재잘대는 아이를 데리고 할아버지를 따라 호숫가로 향했다. 손쉽게 구할 수 있는 땔감은 벌써 바닥이 나 버렸다. 이젠 온 집을 뒤져 썩은 나무 토막이라도 찾아내야 할 판이었다. 그런 것들은 불이 잘 붙지 않고 불꽃도 좋지 않았지만 할아버지는 모닥불 피우기에만 마음을 두시는 눈치다.

땔감을 구하셨다는 할아버지께서 내가 어릴 적 두드리며 놀던 그 삼나무 북 앞에 멈추어 서시더니 그것을 드시려고 무릎을 굽히는 순간 나는 마음 한구석이 무너져 내리는 것만 같았다. 하지만 나는 군소리 없이 할아버지 맞은편에서 그 통나무 북의 다른 쪽을 받쳐 들고 오두막으로 돌아왔다. 나는 그 커다란 속 빈 통나무를 태우며 할아버지가 즐거워 하실 것만을 떠올리려 애썼다. 하지만 북을 그냥 모닥불에 던져 태우기는 왠지 섭섭했다. 나는 오래 전부터 '작은 소년의 북'이라고 부르며 이 통나무를 두드리며 놀았노라고 할아버지께 말씀드리고, 아이와 함께 할아버지를 위한 노래를 부르기 시작했다. 우리는 알고 있던 모든 오지브웨이 노래를 불렀다. 아이는 무릎을 굽혀 자꾸만 부러지는 가느다란 작대기로 통나무 북을 두드리며 노래를 따라 했다.

할아버지는 아이의 작대기가 부러질 때마다 그럴싸한 북채를 구해 주셨다. 우리는 끝없이 노래를 부르며 그 삼나무 북과 영원한 이별을 아쉬워했다.

"통나무를 세워 모닥불에 올려놓으세요. 굴뚝처럼 위로 불꽃이 튀어오르면 정말 멋있을 거예요."

할아버지께 이렇게 말씀드린 후 우리는 노래하며 더 크고 세게 그리고 더 빠르게 북을 두드렸다.

"모닥불 피우기에 정말 좋은 통나무죠?"

북채의 놀림이 더 빨라졌다.

"그냥 통나무일 뿐인데 뭐…."

이틀 후 모닥불을 피웠던 곳을 지나게 되었다. 그 통나무 북은 옛모습 그대로 그곳에 있었다. 나는 파도가 닿지 않게 순록이 지나는 길섶 풀밭에 그 통나무를 굴려 놓았다. 할아버지가 모닥불을 피우시는 곳에서 너무 멀리 옮겨 놓고 싶지 않았다. 나는 이틀 전에 이미 이 통나무를 내 마음에서 떠나보냈으므로 할아버지께서 언제든지 그것을 땔감으로 쓰셨으면 좋겠다고 생각했다. 그리고 나 때문에 할아버지의 모닥불 피우시는 즐거움이 줄어들지 않기를 바라는 게 솔직한 심정이었다. 그런데, 정말 그런데, 아들아, 통나무 북이 모닥불의 불꽃으로 사라지지 않고 그대로 있다는 게 왜 이렇게 기쁜 걸까.

이곳에서 통나무 북은 지난날 바위 계곡에서처럼 멋진 메아리를 만들지는 못하겠지만 다른 음색으로 듣기 좋은 북소리를 영원히 울려줄 것이다.

태풍이 지나가면 우리는 호수로 돌아온다. 물가의 숲은 온통 우유팩 천지다. 슈피리어 호수가 화를 내면 가장 먼저 피해를 입게 되는 육지와 섬의 호숫가는 알록달록한 우유팩으로 가득 찬다. 어떤 것에는 서쪽으로 수백 킬로미터나 떨어진 북 미시건의 우유회사 상표가 찍혀 있다. 부둣가나 배에서 먹고 호수에 던져 버린 것일 수도 있고, 다른 태풍이 지나간 후 누군가가 주워서 쓰던 것일지도 모른다. 그러나 우리에게 이 우유팩들은 선물 그 자체이다. 쉽게 구할 수 없는 것으로, 쌓아 둘 수도 있고 휴대하기 간편하며 방수까지 되는 견고한 식품 저장통인 까닭이다. 그래서 우리는 태풍이 지나가면 마치 선물이 풍성한 크리스마스라도 맞은 것처럼 위험한 바위틈이나 여울을 피해 호숫가를 훑으며 우유팩을 줍는다. 우리가 줍지 못한 우유팩들은 파도와 비바람을 맞거나 또 다른 곳으로 떠내려갈 것이다.

슈피리어의 선물

올해도 슈피리어 호수는 우리에게 우유팩을 선물했다. 어떤 때는 55갤런들이 휘발유 드럼통을 줍기도 한다. 때로는 반듯한 각목도 있고, 식기 세척기에서 나온 것이라 생각되는 작은 플라스틱 바구니도 있다. 우리는 아무도 식기 세척기를 갖고 있지는 않지만 식료품 가게에서 그런 바구니를 보기는 했다.

바람 빠진 풍선도 돌돌 말린 플라스틱 리본이 달린 채 수백 개씩 떠내려온다. 줄잡아 슈피리어 호숫가 1킬로미터당 100미터는 플라

스틱 리본이 밀려와 있다고 보면 된다. 플라스틱 리본은 몇 년이 지나
도 변하거나 썩지 않고 고스란히 쌓인다. 이것들은 호수를 찾는 가을
철새들에게 죽음의 덫이 된다. 강오리나 창꼬치들은 물 속을 떠다니는
이 쓰레기들을 무심코 삼키기도 한다.

폭풍이 몰아치는 어느 날 홀로 섬에 남아 있던 나는 엄청나게 큰 푸
른색 헬륨 풍선이 격류에 휩쓸려 집 옆으로 떠내려가는 것을 본 적이
있다. 문간에 커다란 곰이 서 있었다 해도 그렇게 기절초풍하지는 않
았을 것이다. 이 외딴 섬은 도저히 헬륨 풍선이 있을 만한 곳이 아니기
때문이다. 헬륨 풍선이 풍선의 인생과는 아무 연관이 없는 이곳을 까
딱거리며 지나갈 이유가 어디 있는가 말이다. 나는 집 안으로 뛰어들
어가 그것이 다른 섬 너머로 사라져 보이지 않을 때까지 망원경으로
지켜봤다. 당시 나는 어쩐지 숨어야 할 것만 같았다. 그러지 않으면 그
풍선이 나를 볼 것 같았기 때문이다.

그때는 몇 주가 지나도록 사람 그림자도 볼 수 없었던 10월이었다.
섬 저쪽 먼 곳에서 가끔 디젤 어선이 지나가는 소리를 듣긴 했지만 사
람을 보자고 멀고 험한 오솔길을 헤쳐갈 생각은 없었다. 나는 혼자였
다. 곁에 있는 것이라곤 바로 어제 사람의 손을 떠난 듯 새것 같은 크
고 푸른 헬륨 풍선뿐이었다. 인류의 무분별함을 단적으로 보여주는 플
라스틱 풍선과 말이다. 분별없는 사람들은 플라스틱 따위가 없어도 이
곳의 모든 것이 얼마나 아름답고 엄격한지 전혀 모른다. 플라스틱 제
품들이 이곳을 온통 파괴할 수도 있는 무시무시한 환경파괴의 잠재력
을 갖고 있다는 사실도 깨닫지 못한다.

우유팩은 좋아하면서 풍선을 무서워하는 것이 어쩐지 앞뒤가 맞지

않아 보일지 모른다. 하지만 슈피리어 호수에 부드러운 폭풍이 불 때면 내 마음은 늘 설렌다. 호수는 선물을 잊는 법이 없기 때문이다.

내가 받은 최고의 선물은 한 짝뿐인 신데렐라 슬리퍼였다. 다른 어느 섬의 말갛게 씻긴 바위 위에서 그것을 찾아냈다. 분홍색, 그것도 은색 반짝이가 섞인 그 분홍색 슬리퍼는 지난 겨울 멀리 위스콘신에서 떠내려온 것임에 틀림없다. 그 슬리퍼는 호기심 많은 섬 꼬마의 눈에 띄기까지 여러 달 사나운 날씨를 견디어야 했다.

손에 꼽을 정도인 오지브웨이의 현자들과 가까운 우리 가족만이 알고 있는 신데렐라에 얽힌 진실을 말하자면, 신데렐라는 위스콘신 출신이다. 왕자가 드디어 그녀의 촌스러운 발에 꼭맞는 신발 한 짝을 신겨주었지만 나머지 한 짝은 끝내 아무도 찾지 못했다. 신데렐라가 호숫가에서 놀다 태풍에 한 짝을 잃어버렸던 것이다. 진실은 우리만 알고 있다. 그 나머지 한 짝이 우리 보트창고의 벽에 무스 뿔과 나란히 걸려 있으니까.

"저기란다. 바로 저기서 보트창고로 건너가는 통나무를 잘랐지."

저렇게 굵은 나무를 톱으로 잘랐다니, 세상에…. 그 톱은 아직도 작업실 벽에 걸려 있기는 하다. 하지만 이제는 다른 연장과 밧줄이며 그물, 심지어 비옷까지 뒤죽박죽으로 섞인 채 파묻혀 있어 찾는 데만도 한나절은 족히 걸릴 터이다. 할아버지께서 요즈음엔 그 무거운 톱을 쓰시지 않기 때문이다.

그 톱은 양쪽 손잡이의 길이가 1미터 가까이나 된다. 사실 두 사람이 양쪽에서 잡고 사용하는 그 톱을 할아버지께서는 힘들어 하시면서도 혼자서 사용하셨다. 나무로 된 양쪽 손잡이는 내 차의 양쪽 헤드라이트만큼이나 떨어져 있다. 배에서 그 무거운 톱을 싣고 균형을 잡는 문제도 간단치 않았겠지만 무엇보다도 어떻게 그 톱을 들어 옮겼는지 궁금할 따름이다. 하지만 할아버지는 이십대에 벌목꾼이셨다. 그는 산과 골짜기 구석구석을 손금 보듯 훤히 알고 계신다. 목재 이동 통로가 어떻게 뻗었는지, 사람이 걸어간 모든 길이며 연못, 심지어 무스들이 뛰어 노는 장소까지 모르시는 게 없었다.

남나무 껍질에 굴려서

"당시 우리는 벌목을 하면서 자른 나무들을 보관하기 위해 강물을 임시로 막아 작은 저수지를 만들곤 했다. 나무를 자른 즉시 쓰러뜨려 물 속으로 밀어 넣지 않으면 톱질꾼들이 헛걸음을 할 수 있었기 때문이지. 때로 통나무를 끌어내기 위해 여러 사람이 필요할 경우엔 인부들을 모으는 데 시간이 걸려 나무들이 한동안 쓰러진 채로 있기도 했지. 트럭이 다닐 수 없어 통나무를 옮기려면 말이 꼭 있어야 했다. 일이 끝나면 막았던 강물을 다시 흐르게 했지. 너는 아마도 예전에 우리가 그런 일을 했다는 걸 믿기 힘들 거야. 벌목 방식이 지금과는 무척 달랐거든."

우리는 지금 집에서 가장 멀리 떨어진 섬 끝에 와 있다. 커다란 그 삼나무 그루터기는 속이 텅 비어 있어 우리가 선 채로 한꺼번에 들어갈 수 있을 정도다. 정말이지, 그렇게 큰 나무는 처음 봤다.

"저렇게 큰 나무를 집에까지 어떻게 옮겼는지 내가 얘기했던가?"

할아버지께서 물으셨다.

나는 물론 알고 있었지만 짐짓 모르는 척했다. 다시 할아버지의 얘기를 듣고 싶었기 때문이다.

"배로 옮기셨어요?"

내가 시치미를 떼고 묻자 할아버지의 얼굴이 기다렸다는 듯이 활짝 펴졌다. 물론 배가 쓰였다. 그런데 통나무를 사슬로 배에 매달아 호숫가의 집으로 옮기는 일은 누구나 할 수 있는 일이었다. 문제는 그 큰 나무를 베어서 어떻게 배가 있는 물가로 옮겼느냐 하는 것이고, 그것은 아무나 할 수 있는 것이 아니었다. 할아버지가 말씀을 하시다 늘 목소리에 힘을 들어가며 흥분하시는 대목이 바로 여기다.

할아버지가 그 나무를 잘라 놓고 집으로 쉬러 간 사이에 마나부주가 옮겼다고 수군대는 이들도 있지만 천만의 말씀이다. 우리 할아버지를 몰라도 한참 모르는 소리다. 할아버지께서는 어떻게 그렇게 했는지를 물리학까지 끌어들여 소상하게 설명해 주셨다. 마치 중년이 된 당신의 손녀인 내가 승용차만한 통나무를 한 손으로 잘라 집으로 끌고 가보고 싶어한다고 여기시듯이 말이다.

"삼나무 껍질이 젖으면 얼마나 미끄러운지는 알고 있지?"

알고 말고요! 어렸을 때 큰 나무를 자르는 날이면 우리는 넓적한 껍질을 썰매 삼아 호수까지 미끄럼을 타며 놀았다. 특히 어른들이 인디언의 전통 굿이나 가족 야유회에 필요한 움막을 세우는 동안 우리는 삼나무 껍질 썰매를 즐겼다. 지붕을 덮기에 길이가 짧은 자투리 삼나무 껍질을 아이들에게 주곤 했기 때문이다. 나무껍질 썰매는 며칠만 지나면 말랐다가도 호수에 몇 번 담그면 원래의 미끄러움을 되찾았다.

"나는 말이야, 삼나무 껍질을 넓게 벗겨 척 펴놓고는 그 위로 통나무를 굴려 보트가 있는 물가까지 끌고 갔단다."

말씀은 쉽게 하셨지만 그 큰 나무 곁가지를 쳐내느라 얼마나 힘드셨을지 나는 알고 있다. 정말이지 쉬운 것이 한 가지나 있었겠는가?

집으로 향하면서 섬을 한 바퀴 돌아 보았다. 커다란 바위 위를 걷기도 하고, 가파른 곳에선 돌틈에 뿌리내린 나무의 곁가지를 움켜잡고 등산하듯 기어 올라가기도 한다. 어디쯤에선가 할아버지께서 만든 숲속 오솔길을 지났다. 그 길은 순록들이 부지런히 오간 덕분에 더 또렷하게 유지되고 있었다.

보트창고의 통로를 받쳐 주는 그 통나무의 굵기는 아래쪽이 모래에 30센티미터쯤 묻혀 있는데도 내 가슴높이는 된다. 당당하게 누워 있는 이 통나무는 늦은 봄 해빙기에 얼음 덩어리들이 밀어내지 않는 한 내가 사는 동안, 아니면 그 후까지도 이어질 것이다. 하지만 물 밑에 잠겨 있는 나무보다야 오래 견디지 못할 것은 분명하다. 할아버지께서 어떻게 이 통나무를 얻게 되었는지에 대한 무용담을 들려 주실 때마다 내가 귀를 기울여 듣는 이유가 바로 여기에 있다. 내가 필요해서가 아니다. 그 방법을 다음 세대에게 알려는 주어야 한다는 생각에서다. 할아버지께서는 곧 돌아가실 테고 언젠가는 나도 떠나야 하니까.

나는 이 섬에서 할아버지께서 겪으신 겨울과 육지에서
보낸 나의 겨울을 비교해 본다. 집안 아저씨 한 분은 호수가 완전히
꽁꽁 얼던가, 아니면 배를 안전하게 띄울 수 있을 때에만 만날
수 있다. 아저씨 댁이 슈피리어 호수에서 삐죽 나온 반도에
있어 육로로는 갈 수가 없기 때문이다. 초겨울에서 늦봄
사이에는 그곳에 가다가 자칫 목숨을 잃을 수도 있다.
심지어 한겨울이라도 이상 난동 현상이 있을 때에는
위험하기가 마찬가지다. 우리 부족 사람들은 대부분
아직도 이렇게 살고 있다. 그들의 집으로 가는 길은
호수에서 끊어져 있다고 보면 틀림 없다.

**할아버지와
겨울 친구**

　인근에 도로도 없는 곳에 사시는 할아버지는 나
라에서 인디언 한 사람을 보고 길을 내주거나 우
편배달 서비스를 해 주리라고는 기대조차 않으셨
다. 할아버지께서는 슈피리어 호수에 태풍이 불지
않는 맑은 날에만 단파 라디오로 인근의 낚싯배와
교신할 수 있을 뿐이었다. 가끔 겨울 호수가 느닷없
이 사나워지면 낚시 나갔던 버질이 할아버지의 넓은
선창에 배를 대려고 소용돌이치는 모래톱으로 급하게
들어오곤 한다. 버질의 아버지는 할아버지가 다시 손을
보시기 전에 그 부두를 만들었던 분이다. 우리 인디언들은
부두가 어느 개인의 소유물이 아니라는 것을 분명하게 이해
하고 있다. 할아버지의 낡은 섬집의 모든 것이 그렇듯 부두도 지
금의 모습을 하기까지 여러 세대에 걸쳐 보수와 증설이 거듭되었다.

호수를 알고 좋아하게 되면 누구나 두려움도 함께 가지게 된다. 우리는 항상 나이 어린 어부들에게 필요하면 언제든지 이곳으로 피하라 일러 둔다. 젊은 사람들은 판단이 미숙해 사고를 당하기 십상이기 때문이다. 더구나 우리는 그들의 시신이 발견되었다는 소식을 원치 않는다. 하지만 가을과 겨울 동안은 젊은 어부들을 구경하지 못한다. 지형이 산으로 막힌데다 거대한 호수의 대기중 습도가 불안정하기 때문에 라디오를 켜본들 듣고 싶을 때 방송을 듣기도 어려울 뿐더러 지직거리는 잡음만 듣기 일쑤다. 청명한 날 건전지로 작동하는 라디오를 듣는 일도 신경 써서 아껴가며 해야 한다. 일단 호수가 얼어 붙고 보트를 물에서 끌어낸 다음에는 발전기가 없는 한 건전지를 재충전할 길이 없다. 게다가 발전기를 가동시키는 휘발유는 구하기 어렵다. 프로판 가스도 그렇고, 심지어 양초도 귀하기는 마찬가지다. 성냥도 물에 젖거나 쥐가 쏠지 못하게 견고한 방수상자에 보관해야 한다.

톱날, 도끼, 여분의 나무 손잡이는 기름을 먹여 조심스럽게 보관하고, 장작을 때는 쇠로 만든 거대한 조리겸용 난로에 필요한 여분의 나사못이나 연통도 구해 배로 실어 나른다. 음식은 잘 선별해서 습기가 차지 않는 그릇에 저장한다. 음식도 선반에 둔 지 얼마나 되었는지, 휴대하기 얼마나 간편한지, 그리고 열악한 상황에서 우리의 몸과 정신에 얼마나 이로울 것인지를 감안해 선별해야 한다.

잘 마른 장작은 여름철에 탁자로 쓰는 큰 땔감 상자에 넣고 뚜껑을 덮어 둔다. 부싯깃은 통에 차곡차곡 넣어 보트창고에 보관한다. 어떤 종이라도 모아 두면 겨울철 불을 지필 때 유용하다. 가당 연유통의 상표는 모두 따로 모아 두고 마카로니 종이 상자는 잘게 찢어 물에 젖거나 너무 추워서 즉시 불을 피울 때를 대비한다. 자작나무 껍질도 많이 모아 가문비나무 아래 가지런히 두면 눈이 오더라도 언제든 부싯깃으로 쓸 수 있다.

땔감은 두 가지 종류를 다 갖추어야 한다. 한 가지는 재질이 단단해 오래 타는 땔감으로 자작나무와 단풍나무를 준비한다. 이 땔감들은 밤새워 불을 피우거나 오래 집을 비우게 될 때 난방용으로 쓰인다. 다른 종류로는 삼나무 땔감이다. 삼나무는 불이 잘 붙고 빨리 타며 불꽃도 강렬해 몸이 젖거나 추워서 급속 난방이 필요할 때 쓴다. 외딴 숲 오두막에 사는 사람들에게는 보온을 제대로 못해 발생하는 저체온증만큼 무서운 위협도 없다. 살아 남으려면 미리 대비하는 수밖에 없다.

땔감은 숲에서 신중하게 선별할 수만 있다면 살아 있는 나무로 마련하는 것이 좋다. 속이 비어 있지 않다면 죽은 나무도 땔감이 될 수 있지만 겨울철에 쓰기엔 적당하지 않다. 할아버지께서는 땔감을 말릴 때 숲 속에 숨겨 두시곤 한다. 그렇지 않았다가는 여름동안 주변 캠프장을 찾는 사람들이 모닥불을 피우느라 몽땅 훔쳐 가고 말 것이기 때문이다.

대개 카누를 이용해 도착하는 외지 사람들은 노를 젓느라 워낙 피곤해서인지 우리 물건 쓰는 것을 너무 당연시한다. 자기만 그러겠지 하는 생각에 자기처럼 생각하는 사람이 백 명씩이나 들이닥쳐 같은 행동을 한다는 것을 미처 깨닫지 못하는 것 같다. 그것이 아니면 섬에 와서 보니 자신들의 존재가 너무 미약하고 보잘것없다고 여기게 되고, 이런 멋진 곳의 주인인 우리 섬사람은 당연히 부자라 믿게 되는지도 모를 일이다. 나무나 휘발유, 심지어 화장실 휴지 같은 것을 구하느라 우리가 얼마나 힘들었는지 그들은 상상조차 못한다. 하기야 요즘 같은 세상에 여러 세대에 걸쳐 건물을 짓고, 이 사람 저 사람의 손을 거치며 힘든 일이 지속되며, 그것도 사랑의 징표로 이어지고 있다는 것을 누가 꿈이나 꾸겠는가? 무엇보다 이렇게 외딴 곳의 비좁은 집에서 이처럼 오래 살려고 마음먹고, 그렇게 하고 있다는 것도 외지인들은 상상조차 하기 힘든 일일 것이다.

"호수가 꽁꽁 얼어 붙으면 바로 저 부두 근처에서 얼음 낚시로 곤들매기를 낚는단다."

이렇게 말씀하시며 할아버지는 창 밖을 바라보신다. 할아버지는 잡았던 고기를 다시 놓아주는 상상을 하고 계시나 보다.

할아버지는 겨울에 잡은 송어를 작은 유리병에 병조림으로 진공처리해 두시는데, 나는 창꼬치나 잡고기조차 잡히지 않는 여름이면 그것을 꺼내 먹곤 한다. 병조림을 만들 때 할아버지께서는 난로 위에 올려놓는 알루미늄으로 만들어진 1930년형 압축 기계를 쓰신다. 나도 같은 모델의 기계를 갖고 있다. 그래서 뚜껑에 쓸 고무를 주문할 때면 할아버지 것까지 주문한다. 병조림할 때 장작을 쓰는 커다란 조리 겸용의 큰 난로 위에 이 기계를 놓고 사용하는 방법은 어머니에게서 배웠다. 할아버지의 난로처럼 그것도 덩치가 큰 난로였는데 압력계를 잘 보고 있다가 계량기가 기울어지거나 심하게 방향을 바꾸게 되면 무거운 냄비를 난로 평면의 가장 뜨거운 쪽과 차가운 쪽으로 번갈아 가며 밀었다 당겼다 해야 했다. 나는 이 방법이 전기 난로를 이용하는 것보다 더 낫다고 생각한다.

할아버지가 겨울나기 중 가장 힘들어 하시는 것이 바로 물이다. 얼음이 얇게 얼어 있을 때는 녹아 내리는 눈과 얼음만으로도 충분하다. 물론 물 한 주전자를 만들려면 엄청난 양의 눈이 필요하다. 안심해도 좋을 만큼 호수가 얼었을 때는 미리 파 놓은 구멍으로 물을 퍼 올린다. 때로 살얼음이 언 상태에서 파도가 높아 물이 탁하지 않을 땐 부두 끝에서 줄 달린 양동이를 던져 물을 길어 올리시기도 한다.

오지브웨이 말로 겨울을 '비분'이라 부른다. 추위와 눈으로 된 담요를 덮어 우리가 사는 대지를 겨우내 휴식케 하는 것이 비분의 역할이다. 눈은 대지의 작물을 감싸 보호한다. 할아버지와 비분과는 오랜 친구와 다를 바 없다. 할아버지와 할아버지의 오랜 겨울 손님 비분, 두 노인네는 붉은 나무 테이블에 몇 시간씩 마주 앉아 압축 병조림 기계를 밀었다 당겼다 하며 서로가 알고 있는 생존 법칙을 맞추어 보곤 하신다.

여느 해보다 눈비가 많고 더 추운 겨울이면 할아버지가 비분에게 자신의 낡은 검붉은색 털셔츠를 빌려 주고 따끈한 차를 끓여 대접한다. 비분은 온종일 절절 끓는 주전자에 손을 슬쩍 담글지도 모를 일이다.

"빅터, 빅터!"

할아버지가 대답하실 때까지 비분은 문간에서 소리를 지른다.

"들어와!"

할아버지는 들어오라는 손짓을 하며

"바람 들어온다!"

고 하신다. 할아버지는 오랜 친구 뒤로 문을 닫으며

"나도 방금 돌아왔어. 굉장히 춥지?"

하며 웃으신다. 눈신발은 깨끗이 닦아 차게 보관하려 문 밖에 걸어 둔다. 비분이 오래 전에 할아버지께 눈신발이 따뜻하면 눈이 혼란스러운 나머지 엉겨 붙는다고 가르쳐 주었다. 그들은 구시렁거리며 젖은 장화 끈을 풀어 나무 난로 위 선반에 올려 놓고 말린다.

땔감 상자에서 자작나무를 한 아름 꺼내 난로에 집어 넣는다. 난로 문이 잠시 열리면서 난로와 연통의 연결 부분에서 한 줄기 은빛 연기 가 새어 나온다. 오래 묵은 위스키 같은 달콤한 냄새를 풍기면서 말 이다.

두 노인네는 언 발가락을 문질러대더니 벌떡 일어서서 뻣뻣하게 굳 은 몸을 이리저리 돌리며 날씨를 두고 우스갯소리를 주고받으신다.

"먹을 것이 뭐가 있나…."

할아버지가 여기저기 살피시더니

"아들이 만들어 준 스파게티 소스가 조금 남아 있군. 해동도 거의 다 되었고. 지난 겨울에 그 아이는 사슴을 치었지."

라고 냉동 봉지를 흔들며 말씀하신다.

비분이 큰 솥의 뜨거운 물을 퍼서 작은 음식 냄비에 붓는다. 그리고 필요할 때 언제든 쓸 수 있게 솥이 찰랑거리도록 물을 도로 채운다. 그 는 쇠꼬챙이를 쥐고 벌겋게 단 둥근 난로 뚜껑을 들어올리고는 뜨거운 물이 든 냄비를 올려놓는다. 할아버지께서 스파게티 한 상자를 건네 면, 비분은 관절염 때문에 떨리는 손으로 상자를 뜯어 끓는 물에 면을 넣는다. 그러곤 난로 위로 손을 뻗어 온기를 쏘인다.

둘은 습기로 눅눅해진 파미산 치즈와 소금, 후추를 김이 모락모락 나는 스파게티에 뿌려 맛있게 먹으며 정겨운 대화를 나눈다. 아껴 두 었던 클라마토 주스도 한 깡통 따서 맥주와 반씩 섞어 마신다.

설거지가 끝나고 식탁을 말끔히 치운 후엔 책꽂이에서 지도를 꺼낸다. 시간 가는 줄 모르고 머리가 허연 두 노인이 지도를 들여다 보고 있다. 끝간데 없이 펼쳐진 산과 호수 구석구석을 손금 보듯 훤하게 꿰뚫고 있는 두 노인이 계획을 세우고 작전을 짠다. 눈과 바람이 나뭇가지를 어떻게 휘게 하며, 모래톱을 어떤 모양으로 바꾸어 놓을 것인지 새와 포유동물의 번식을 어떻게 조절해 나갈 것인지를 그 둘이 결정하는 것이다.

할아버지가 사시는 인근 공유지에서 겨울철 스노모빌 사용을 정부가 금지하는 바람에 할아버지는 집을 비워둔 채 다른 곳에서 겨울을 나야 했다. 그렇다고 억울해하지는 않는다. 인디언 노인네 한 사람 때문에 차가 다닐 수 있게 도로의 눈을 치우는 것도 비용면에서 보면 낭비일 것이다. 그래서 비분은 점점 외로워졌고, 그것이 안타까운 할아버지는 여기로 자꾸만 오시고 싶은 거다. 와서 외로운 옛 친구를 위로해 주고 싶어서.

호수에서 보트를 타고 있을 때 안개가 끼기 시작하면 두려움이 엄습한다. 안개는 알 수도 없는 곳에서 소리도 없이 나타나 순식간에 사방을 뒤덮어 버린다. 사전 경고도 없고, 예측할 수도 없다. 맑고 건조하고 높은 기온이 며칠 계속되면 물에서 안개가 피어 오르기 시작한다. 안개는 골짜기에서 쏟아져 나와 눈깜짝할 사이에 호수를 뒤덮어 육지의 형태뿐 아니라 모든 살아 숨쉬는 것들을 감싸고 식히고 흡수해 버린다.

안개 낀 날의 바위 그림

우리는 안개를 '키쉬고크웨이' 라 부른다. 아주 자애롭고 사랑스러운 영혼이다. 안개는 절벽과 같은 고립되고 척박한 곳에 사는 식물과 생명체가 목숨을 부지할 수 있도록 습기를 제공한다. 안개는 물과 바람이 눈과 비로 내릴 수 있게 대기순환을 돕는다. 그래서 우리는 이 안개여인을 '생명 제공자'로 경배한다. 이 안개를 본받아야 한다고 믿기에 우리 부족 여자들이 물 지킴이가 된 것이다. 우리는 모든 물을 존중하며, 아이들에게도 물을 잘 돌보고 맑게 유지하도록 가르친다. 가사일에 필요한 물을 끌어 대는 등 우리 여자들 손은 물 마를 날이 없다.

키쉬고크웨이도 우리만큼이나 인간적이다. 아이들 때문에 지치고 정신이 없다. 호르몬에도 의지하고 변덕을 부리기도 한다. 나는 호숫가에서 자기 옷을 벗어 나무 꼭대기로 던지는 그녀를 본 적이 있다. 일상이라는 망토를 내던지고 호수에서 미친 여자처럼 춤을 추는 그녀. 그녀의 아이들은 숨으러 도망가고 그녀의 남자들은 뚝 떨어진 곳에서 딴청을 부리거나 아예 작업실에 처박히기도 한다. 심지어 노인들도 그녀가 화가 났거나 사나워졌다든지, 너무 신이 나서 들떠 있으면 괜히 겁을 먹는다. 그래서 우리 부족 여인들은 안개여인의 기분이 안 좋거나 제멋대로의 행동을 보일 때면 호수에서 먼 곳으로 달아난다.

안개가 변덕을 부릴 때를 대비해서 나는 선물로 받은 잎담배 몇 다발을 외투 주머니 깊이 갖고 다닌다. 주머니에는 사탕과 휴지, 붕대도 들어 있다. 세이무(잎담배)는 피우려는 게 아니라 감사드릴 때와 기도할 때, 가끔은 간청할 일이 있을 때 사용하는 것이다. 내게 담배를 선물한 사람들도 나에게 그 점을 명심시켰다. 오늘 나는 그 명심했던 바를 실천했다. 배 옆구리 너머로 담배를 슬쩍 흘렸다.

"나도 다 봤다!"

할아버지께서 말씀하신다.

"할아버지를 못 믿어서 그런 게 아니라 안개여인을 못 믿어서 그래요."

내 말을 듣고 할아버지가 크게 웃으신다.

"미신을 믿어서가 아니라 스스로 조심해야 한다고 다시 한번 다짐하는 거예요."

배에 탄 사람 모두 구명조끼를 입었는지, 안전띠를 잘 맸는지 살피며 나는 태평하게 말했다. 놀고 있는 다섯 살짜리 아들이 덩치 큰 개에게 떠밀려 배 밖으로 떨어지지나 않나 살펴보았다. 아이는 배 가장자리로 알짱대며 노래를 부르다가 파도가 높다 싶으면 노에 올라타 누구 얼굴에 물보라를 더 많이 맞는지 개와 한 판 겨루고 있다.

"제 자신의 안전은 안개여인보다 제가 더 잘 살피고 있다고 생각해요."

서늘하고 축축한 공기 속으로 팔을 저으며 내가 말한다.

"그건 네 말이 맞다."

할아버지께서 미소 지으신다.

이제 안개가 너무 짙어 한 치 앞도 잘 보이지 않는다. 암초가 많은 곳이라 조심해서 아주 조금씩 나아간다. 속도를 많이 낮추자 작은 엔진이 이따금 털털거린다. 휘발유가 얼마나 남았는지 걱정된다. 할아버지는 한 손으로는 키를 조종하면서 다른 한 손으로는 엔진 뚜껑을 열어 윤활제 WD-40를 기화기에 살짝 뿌린다. 바위 절벽이 희미하게 나타났다가 이내 형체도 없이 뒤로 물러난다. 이제 집으로 돌아가는 길은 온전히 할아버지의 정확한 기억력에 의지하는 것말고는 달리 방법이 없다. 제때 집에 돌아가지 못하고 여기서 버텨야 할 경우를 대비해 뭐가 있는지 주머니에 손을 뻗어 본다. 담배, 기침 해소용 사탕, 성냥, 그리고 묵주….

"저기를 보렴, 저기 있다."

할아버지께서 엔진을 끄고 말씀하신다. 우리는 붉은 빛이 도는 황토색 거북이가 그려진 검은 바위를 바라본다.

"보이니? 안개 낀 날 집으로 가는 길을 잃지 않으려고 내가 그려 두었지. 아무 대책도 없는데 집으로 가는 길은 보이지 않고 아이들이 추워서 떨거나 한다면 큰일이지 않겠니?"

아이를 무릎에 앉히고 꼭 끌어안는다. 아이의 머리 냄새를 맡는다. 난 내 아이들 냄새가 좋다. 아이들이란 춥거나 덥다는 말을 미루고 미루었다 하는 습성이 있다. 그래서 불평을 하더라도 만약을 대비해 억지로 옷을 든든하게 차려 입히는 게 안전하다. 아이들이 구시렁댄다고 외투를 챙기지 않았다가는 낭패보기 십상이다. 알아도 내가 더 많이 알고 걱정도 내가 하는 것이다.

옆 모습을 그린 거북이 그림은 호수를 향해 왼쪽으로 고개를 돌리고 있다.

"여기서 거북이 고개 쪽으로 똑바로 나아가면 섬이거든."

할아버지가 말씀하시며 엔진 시동 줄을 홱 당기더니 껄껄 웃으신다. 이제는 전속력으로 달린다. 부두가 가까워지자 속도를 늦추며 때 맞춰 엔진을 끄신다. 나는 노가 있는 쪽으로 가서 부두 난간의 밧줄과 고리를 당긴다.

작은 섬의 할아버지 집, 저녁상에 앉아 바라보자니 안개여인은 세상 누구보다 아름답다. 그녀의 춤은 몇 시간이나 계속 되고 끝도 없이 변화무쌍하다. 그래, 안개여인이 출현하는 것도 선물이나 같아….

샌드위치를 들고 창 밖을 보고 있으니 문득 대학시절이 떠오른다. 우리 조상들의 바위 그림을 연구하던 교수들이 바위 그림과 그에 얽힌 사연을 더러는 얘기해 주기도 했다. 그러나 모든 호수, 모든 호숫가의 바위 그림 중 내가 제일 좋아하는 것은 왼쪽으로 고개 돌린 거북이 그림이다. 안개 속에서 '좌회전'을 알리는 등대와도 같은 그것을 말이다.

할아버지께는 바위 틈새며, 물길의 통로, 자갈투성이의 만, 곧게 뻗은 기슭에 이르기까지 호수의 그 어느 곳에도 사연이 없는 곳이 없었다. 혼자든 친구나 가족과 함께든 야영을 해보지 않은 곳이 없을 정도다. 물고기가 줄고 증기선이 사라져서 사람들이 마을을 버리고 떠나기 전만 해도, 이곳은 지금처럼 슈피리어 호수에서 가장 인적이 드문 곳은 아니었다.

호수가 우리 부족에게 끼친 영향은 실로 컸다. 그 후

기억 속의 작은 호수

사람들은 호숫가에서 삶을 꾸려야 할 이유를 잃은 채 더 이상 물길을 이용해 호수의 남과 북을 오가지 않게 됐다. 사람들은 떠나기 시작했고 육로를 따라 동과 서로 결혼이 이루어졌다. 슈피리어 호수 동쪽 끝을 도는 유일한 도로는 울퉁불퉁하고 미로처럼 꾸불꾸불한 벌목길뿐이다. 그래서 인디언의 말뿐 아니라 예술과 공동체의 삶도 남과 북으로 나뉘어 발전하게 되었다. 이 모든 것이 겨우 50여 년 동안에 일어났다. 그렇게 오랜 세월, 수세기에 걸쳐 지속되어 오던 것이 단 반세기 만에 이렇게 분열되었다. 아직까지 변치 않고 남아 있는 정신적 유산은 손에 꼽을 정도다.

"바로 저기에 제임스가 자기 개를 묻었어. 표시를 해 두었지."

"어디요? 저도 보고 싶어요."

"시간이 되면 돌아가는 길에 보자꾸나."

"개는 수명이 다해서 죽었던 건가요?"

"그럼, 바로 저기서. 사람들이 보는 데서 말이지."

"다행이군요."

죽어가는 개를 이런 곳까지 데려오는 것도 웬만한 사랑이나 관심으로 되는 일이 아닐 것이다.

"십자가가 어디 갔지? 사람들이 바위를 타고 올라가 십자가를 그려 놓았는데… 지워져 버렸나?"

이번은 때가 아니었던지 십자가는 찾지 못했다. 그렇다고 우리가 언젠가 다시 개의 영혼을 위로하러 이 무덤을 다시 찾아오기는 어려울 듯싶었다.

우리는 내가 제일 좋아하는 곳에 배를 댔다. 호수 깊숙한 곳의 후미에 자리잡은 손바닥만한 모래밭이었다. 아무것도 없는 작은 강 하구지만 언제나 다른 모습으로 다가오는 곳이다.

"왜 사람들이 여기를 '인디언 항구'라고 부르지요?"

내 물음에 할아버지는 어깨를 으쓱 하시며 땅에 보일 듯 말 듯 튀어 나온 통나무들이 사각형을 이루고 있는 곳을 가리켰다.

"통나무 집이 있던 자리지."

그 한가운데서 자라고 있는 어린 단풍나무 잎을 쓸어 내리며 할아버지께서 말씀하신다.

인디언 항구라고 부르는 이유를 뻔히 알면서도 괜히 바보 같은 질문을 하다니. 정신이 바로 박힌 자라면 누군들 이렇게 멋지고 평화로운 곳에서 살고 싶지 않겠는가? 넓은 평원과 농사 지을 수 있는 땅, 완만한 언덕을 갖추고 있는 이곳은 호수 안에 또 호수가 있어 마치 양파처럼 겹겹이 싸인 형태를 하고 있다. 깎아지른 듯한 절벽과 산으로 둘러 싸여 있기 일쑤인 호숫가에서 이곳은 천국과 다를 바 없다. 수중 절벽과 작은 섬들은 물고기에게 완벽한 산란 장소였다. 동물은 물론 사람들도 그 덕에 넉넉한 삶을 누릴 수 있었다.

나는 이곳의 역사를 완전히 이해하고 싶은 허기를 늘 느낀다. 할아버지나 그 친구분들도 완전한 얘기를 전해 듣지 못하셨기에 연결이 잘 안 되는 부분이 있기 때문이다.

"강물이 완전히 말라 있는데요? 초원 쪽으로 올라가 보면 어떨까요?"

"어느 초원 말이냐?"

"아, 제가 착각했나 봐요. 여기라고 생각했는데… 호수가 저곳을 영 이상하게 만들어 놓았네요."

조금 전만 해도 나는 내 기억에 자신이 있었지만, 연로하신 할아버지의 경험과 판단에 이내 두 손을 들고 만다.

"오솔길이 강 건너편에 있으니 어쩌지요? 할아버지와 저는 통나무 다리로 강을 건너겠지만 아이가 균형을 잡기에는 무리일 것 같아요."

"그럼 배로 움직이지 뭐."

할아버지 말씀에 우리는 배에 올라타 호숫가로 3미터쯤 노를 저어 갔다.

"이쪽을 벗어나면 안 된다. 지류가 저쪽으로 들어오기 때문에 여기는 강 한가운데 섬이나 마찬가지거든."

이제야 안심이다. 그 지류도 생각이 나고 우리가 물줄기마다 쉽게 산책할 수 있는 상류 쪽도 기억이 나니까. 할아버지는 드넓은 초원을 잊고 계신가 보다. 하기야 마지막으로 왔던 것이 벌써 여러 해나 된다. 우리는 30분 정도 말없이 그 완만한 능선을 걸어 올라간다.

"할아버지, 바로 여기 초원이 있고 가느다란 시내가 흐르고 있어요."

이곳이야말로 세상에서 내가 제일 좋아하는 곳이다. 숲 가운데 무스가 지나간 큼직한 발자국이 선명하다. 이 초원을 내달리며 마음껏 팔을 내저으면서 자유를 만끽하는 것을 나는 정말 좋아한다. 그리고 이곳에는 언제나 야생화가 지천이다.

"그래…여기는 네 초원이구나."

할아버지가 금방 알아차리시는 것에 약간 당황한다. 나는 이 초원을 정말 좋아한다. 내가 오기 몇 세대 전에도 우리 부족 여자들과 아이들이 이곳에서 이런 자유를 향유했으리라 상상해 본다.

"나는 형과 함께 카누를 타고 이 강물을 거슬러 오르곤 했지."

"설마 이 작은 시내로 말이에요?"

"그럼, 여기 이 강물을 지나 지류 너머까지 갔었어. 그리고 얕은 곳에서는 카누에서 내려 끌었지. 그러고는 노를 저어 이 호수를 지나곤 했지…."

할아버지의 손이 가리키는 초원은 폭이 1킬로미터는 족히 되어 보였다.

나는 그 동안 잘못 알고 있었다. 이곳은 적어도 일 년에 한 번은 홍수가 나는 초원이라고 늘 생각하고 있었다. 그렇지 않다면 풀이 아니라 온통 나무로 뒤덮여 있을 것이기 때문이었다. 이곳이 호수라고는 꿈에도 생각해 보지 못했던 것이다.

"호수라도 아주 얕았겠지요?"

"물론이지. 무스가 건너다니는 호수였거든. 하지만 우리는 한 곳을 다 지나면 다음 강물로 노를 저어 가곤 했지. 물이 아주 얕은 때만 아니면 더 상류 쪽으로 송어가 뛰노는 넓은 호수까지 갈 수도 있었단다."

이런 멍청이 같으니….

"이제 알겠어요."

할아버지의 비상한 기억 때문이 아니라, 이곳에서 물이 어떻게 순환하고 있는지를 알고 나니 내가 멍청이같이 여겨진다. 자신이 너무나 왜소해진다. 슈피리어 호수에 선 나의 모습은 찰나적인 것일 뿐이라는 느낌이다. 이 호수의 물을 볼 때마다 나는 생전 처음 보는 것으로 기억할 것이다. 그리고 할아버지는 못 보신 지 오랜 세월이 지났지만 늘 물을 본 것으로 회상할 것이다. 그렇다. 이곳에서 변치 않는 것이라고는 없다. 이 물길에서 일어나는 변화를 제대로 알려고 한다면 적어도 세 세대의 시간이 필요할 것이다.

아이가 아직 어려서 발이 푹푹 빠지는 초원을 걸어서 다음 샛강까지 건널 수 없었다. 우리는 무성한 풀섶을 징검다리 삼아 발을 옮겼다. 그러다 아이가 신발 한 짝을 물에 빠뜨리고 말았다. 우리는 신을 도로 찾은 뒤 마른 초원 쪽으로 발걸음을 돌렸다. 할아버지는 아까 말씀하신 송어가 나온다는 상류 쪽 큰 호수를 우리에게 확인시켜 주시기 위해 올라가셨다. 그 사이 나와 아이는 면봉만큼이나 보드라운 '토끼 꼬리'를 꺾어 눈과 입에 대고 비비며 놀았다. '토끼 꼬리'는 지난 여름 꽃을 피워 단단한 씨앗들은 가을 바람에 모두 날려 보낸 곱게 마른 꽃 줄기를 가리킨다.

"그래, 호수가 아직 거기 있다."

할아버지는 머리를 흔드시며 정확한 당신의 기억이 자랑스러우신가 보다. 그리고

"예전에는 내려서 배를 밀고 갈 필요가 없었는데…."

하신다.

할아버지가 옳으실 거예요.

그날 밤, 지도를 펼쳐 놓고 보고 있는데 아이는 낮에 꺾은 '토끼 꼬리'를 할아버지 귀에다 자꾸만 쑤셔 넣는다.

"여기 있네, 지도에 있구나. 호수가 말이야…."

"그 호수에서 반점 송어를 잡아 맛있게 먹곤 했었지…."

할아버지 말씀은 정말 다 믿는다니까요.

무슨 탐험이나 떠나듯 할아버지와 아이가 갑문 근처로 나들이 가는 바람에 나는 마음 놓고 퀼공예와 바구니 짜기에 몰두할 수 있게 되었다. 생계 수단인 일감을 어디든 가지고 다니며 할 수 있다는 것은 행운이다. 나는 할아버지께 일을 가지고 오지 못하게 하시면 섬에 같이 오지 않겠다고 미리 못박았었다. 일만하는 내가 지겨우셨던지 외투를 챙겨 입고 아이와 함께 나가 버리셨다. 갑문 근처에도 가지 못했는데 그들 뒷모습은 점같이 작아졌다. 부두로 뛰어 나가 자꾸만 훔쳐 보게 되는 것은 둘만 재미있게 지낼 것을 질투하기 때문임을 나는 알고 있다. 하지만 혼자 있는 것도 나쁘지 않다. 명확한 사고를 연속해서 할 수 있으니까.

마나부주의 바구니

바구니 공예는 고난도 작업이다. 작업의 삼분의 이는 재료를 구해서 처리하는 것인데, 이 섬에는 재료가 그리 많이 나지 않는다. 섬이 워낙 작기도 하지만 서식하는 생물군도 제한되어 있기 때문이다. 흙이라고는 별로 없는 이 바위섬엔 고슴도치는 살지도 않는다. 그래서 나는 미리 씻어서 다듬어 놓은 고슴도치 가시를 가지고 왔다. 자작나무 껍질은 여기서도 얻을 수 있지만 크게 기대할 만큼은 아니다. 다만 가문비나무 뿌리를 구하기엔 이 섬이 최고다.

가문비나무 뿌리는 바구니들을 함께 엮는 데 쓴다. 특히 향초
(香草, Sweetgrass-북미에 자생하는 향기 나는 여러 식물을 가리킨다. 향기가 필요한

인디언들의 의식이나 일상용품에 쓰인다/역주)를 꼬아 테두리로 삼을 때 그것을 꿰매는 마무리 손질에 좋은 뿌리를 써야 한다. 퀼공예와 마찬가지로 바구니에 꽃이나 동물 문양을 만들 때도 좋은 뿌리가 필요하다. 내가 사용하는 가장 큰 뿌리는 스파게티 국수보다 약간 굵은 정도다. 이들은 커다란 바구니의 중요 부분을 연결할 때 쓰인다.

아름답게 수를 놓는 기술은 오랜 시간에 걸쳐 습득했다. 뿌리로 어떤 재료를 고정시키기는 결코 쉽지 않다. 먼저 송곳으로 나무 껍질이 겹쳐진 부분에 작은 구멍을 낸다. 나는 여러 인디언 바구니 공예가들한테서 얻은 다양한 모양의 송곳을 가지고 있다. 모두 다 각각의 쓰임새가 있다. 이제는 오랜 친구와 같은 그 송곳들을 볼 때면 그것을 만든 이들의 모습이 보이는 듯하다.

자작나무 껍질들이 따로 놀면 안되니까 끝을 뾰족하게 한 가문비나무 뿌리를 껍질들 사이에 넣고 집게로 뿌리의 한쪽 끝을 잡는다. 내가 제일 좋아하는 집게는 할아버지가 생자작나무로 만들어 주시는 것들이다. 견고하면서도 부드러워 껍질에 흠을 내지 않는다. 대형 바구니를 만들 때는 온몸으로 떠받치고 당겨야 할 때도 있다.

바구니 공예는 규모만 다를 뿐 자작나무 껍질로 카누를 만들 때와 똑같은 뿌리와 바느질 기술이 필요하다. 남자들이 크고 무거운 뿌리로 카누 작업을 하는 것을 본 적이 있다. 예전에는 그 마무리 바느질 작업을 여자들이 했다. 경험이 많고, 바느질 도구도 있다는 이유에서였다. 여자들은 잡아 당길 때 저항을 최소화하는 뿌리 손질 방법이나 모양과 구멍의 크기를 정하는 방법을 잘 알고 있다. 이 때문에 뿌리에 주재료가 맞춤처럼 들어맞을 만큼만 틈이 벌어지게 할 수 있는 것이다. 바구니 공예가는 물기가 있는 작업, 마른 작업, 바느질을 오래 해야 하는 작업, 짧게 해야 하는 작업마다 각각의 적당한 때를 알고 있었다. 이 모든 것은 예술의 형태로 반복 연습과 시행 착오, 실험적 시도와 실패를 통해 비로소 표현되는 노련한 기술인 것이다.

바구니를 처음 만든 것은 마나부주라고 한다. 철이 지났는데도 북쪽으로 돌아가지 못한 철새를 돌려보내려 하니 새장이 필요해서 궁여지책으로 만든 것이 그 시작이라는 것이다. 처음엔 자신의 양가죽 외투 주머니와 주름 사이에 새들을 넣으려 해 보았다. 털모자가 달린 외투로 철새들을 덮어 씌우고 팔로 감싸 안은 채 불어 오는 북서풍을 향해 고개를 숙이고 북으로 향했다. 하지만 몇 분도 안돼 이 녀석들이 마나부주의 팔목이며 손을 쪼고 물고 하는 것이었다. 양가죽 외투를 벗어나자 새들은 일제히 튀어 올랐다. 그는 손을 휘저으며 잡으려 해 보았지만 자유를 얻은 새들은 북쪽의 추운 날씨가 싫다는 듯 남으로 날아가 버렸다.

'싫으면 말고.' 마나부주는 대수롭지 않게 여겼다. 그러다가 몸집도 크고 추위도 잘 견뎌 제일 먼저 북쪽으로 돌아가는 지빠귀의 남은 무리들에 눈길을 돌렸다. 그는 잘 살피고 있다가 그 중 노래를 예쁘게 부르는 몇 녀석을 모았다. 사나운 비바람에 헝클어져 새집 꼴이 된 자신의 머리 숲 사이에 그 지빠귀들을 넣고 외투 모자를 덮어 쓴 다음 북서풍을 향해 고개를 수그린 채 걷기 시작했다. 몇 시간 걷자 이번에는 새들이 이마를 할퀴고 눈을 쪼기 시작했다.

"아이쿠, 내 머리…." 그는 비명을 질렀다.

그래서 이 덩치 크고 아둔한 마나부주는 불쌍한 새들을 풀어 주어야 했고 지빠귀들은 다시 남쪽을 향해 날아갔다.

이제 마나부주가 뭔가 자연스럽지 못한 짓을 하려 했다는 소문이 온 갖 새와 닭과 칠면조한테까지 퍼졌다. 며칠 동안 새들은 저희들끼리 협조체제를 구축하고 이번만은 먹고 먹히는 관계를 떠나 가까이 모여 자유롭게 왕래했다. 마나부주가 대지의 남단을 성큼성큼 건너다니며 자신들을 찾아다니자 새들은 소나뭇가지에 보초를 세우고, 그보다 한 발 앞서 연락을 주고 받았다. 그 바람에 마나부주는 새들이 피해 버린 텅 빈 숲에서 헛걸음하기 일쑤였다. 새들은 그렇게 조직적이고 비밀스럽게 행동했다.

어리숭하기는 하지만 마나부주는 지적이고 기발한 생각을 잘 하는 바보였다. 더구나 새에 대해서는 어느 정도 일가견이 있는 편이었다.

그는 상록수 뿌리로 촘촘한 그물을 짜는 방법을 고안했다. 우선 뿌리가 깊지 않은 나무가 자라는 호숫가로 갔다. 나무 뿌리가 뻗어 나간 방향을 따라 조심스럽게 축축한 모래에 손을 넣어 실뿌리가 나올 때까지 끌어 올렸다. 한 그루에서 뿌리를 너무 많이 뽑으면 죽을 수도 있기 때문에 여러 나무에서 조금씩 모았다. 그렇게 수집한 뿌리는 가지런히 정돈하여 크기별로 분류해 두었다.

뿌리는 뽑아 올리자마자 한 겹 한 겹 뒤집어가며 껍질을 벗긴다. 마침내 커다란 그물을 완성한 마나부주는 어두워질 때까지 참을성 있게 기다렸다. 어두침침할 때는 새가 앞을 잘 보지 못하는 것을 알고 있었기 때문이다. 어두워지자 그는 새가 날아다닐 만한 곳에 그물을 쳤다. 비록 황당하기는 하지만 철새를 보호하겠다는 이타심에서 비롯된 마나부주의 계획은 음모를 꾸며 그를 따돌리려던 새들의 의표를 찌르는

데 성공했다. 새들은 마치 아파서 칭얼대는 아이와도 같은 마나부주의 표적이 되었다.

새가 몇 마리 걸려 들자 마나부주는 그물째 둘둘 말아 어깨에 걸쳤다. 그러기가 무섭게 녀석들이 불평을 쏟아내기 시작했다. 뒤집어지고 고꾸라지고, 날개는 찌부러지고 부리는 서로의 갈비뼈를 찔러대고, 깃털이 헝클어진 채 짐짝처럼 던져졌다고 새들은 너무나 불편해했다. 그는 그 불쌍한 새들을 추운 북쪽으로 옮겨야 할 의무가 있었지만 그렇다고 그 먼 길을 가는 내내 시달리게 할 수도 없는 노릇이었다. 결국 그는 그물을 벗기고 한 마리씩 풀어 주고 말았다.

집으로 돌아가는 길에 낙담한 마나부주는 늪 위의 절벽에 걸터앉았다. 그런데 커다란 자작나무에 기대 눈을 감자 이런 소리가 들리는 것이 아닌가.

"저를 데려가 주세요. 제발, 저를 가지세요."

눈을 들어 주변을 둘러보았지만 아무도 없었다. 낙엽이 바람에 부스럭거린 소리거니 생각하며, 계곡 아래 작은 새들이 나무 사이로 날아다니는 것을 보면서 다시 쉬려 할 때였다.

"제발, 저를 데려가세요. 내 선물을 이용하세요."

그는 다시 눈을 감고 귀에 온 신경을 집중했다.

"저를 가져가세요. 제 껍질을 이용하세요."

그러고 보니 사방이 자작나무 껍질이었다. 아하! 그걸 몰랐다니…. 휘어진 가지 하나가 종잇장 같은 껍질을 나풀거리며 마나부주를 간지럽게 했다. 며칠 전 바람에 떨어진 듯한 크고 넓적한 껍질에 작은 휘파람새 한 마리가 내려 앉았다.

이것이 마나부주가 자작나무 껍질을 뿌리로 엮어 바구니를 처음으로 만들어 내게 된 사연이다. 철을 놓친 철새들을 북쪽으로 데리고 가는 길이 얼마나 험난했을지는 짐작이 가고도 남는다. 그리고 마나부주가 우리 부족 여자들에게 바구니 짜기를 알려준 것도 이 같은 고난의 방식이었다는 점이 흥미롭기만 하다. 오늘처럼 특별한 날이면 나는 아주 먼 곳에서 울리는 뱃고동 소리를 마음속으로 들을 수 있다.

　뚜껑이 없는 딸기 바구니 짜기를 막 마쳤다. 어깨에 멜 수 있는 바구니의 긴 손잡이에는 퀼공예로 멋을 부렸다. 바구니 테두리는 향초로 마감했다. 손잡이는 일일이 껍질을 벗겨 매끈하게 손질한 가문비나무 뿌리로 꿰매 붙였다. 한 땀 한 땀마다 송곳과 집게를 사용했다. 이 바구니에는 사람이 만든 재료는 단 한 가지도 들어 있지 않다. 마나부주가 만든 것이라고 해도 이상할 것이 없다.

　이런 바구니는 아주 이따금 만든다. 내 바구니를 사는 고객들은 바늘과 실을 이용해 좀 약하더라도 더 섬세하고 예쁘게 만든 것을 더 좋아한다. 그래서 고객들에게는 그들이 원하는 방식으로 만들어 주고 전통적인 방식으로 짠 바구니는 가족이나 친구를 위해, 그리고 내 마음의 평화를 위해 만들 뿐이다. 그런데 바구니 테두리를 향초로 마감 처리할 줄 아는 사람은 나뿐이어서 이 기법이 대를 이어 전승될 수 있을지 걱정이다. 이 기술은 부단한 노력과 우직함을 지닌 마나부주에 의해서만 습득될 수 있었던 것이다. 바구니 짜기의 기법 자체도 중요하지만 그 기법이 생겨나게 된 교훈을 우리가 잊으면 안 될 것이라는 생각이다.

슈피리어 호수는 도저히 하나의 거대한 호수라고 믿을 수 없을 정도로 많은 후미진 만과 수로들이 좁고 길고 복잡하게 뒤엉켜 있다. 잘 알려져 있지 않은 이 호수의 가장 큰 특징을 보여주는 것이 바로 이들, 호숫물이 역류하는 좁은 물길들이다. 뿔 달린 괴물 뱀 '미치키니비가그'가 내륙의 호수와 강을 건너 '미시 비주'와 의논하러 오는 곳도 이곳이다. 물 속에 사는 몸집이 큰 사자인 미시 비주는 괴물 뱀들의 친구이자 지도자였다.

뿔 달린 괴물 뱀

미치키니비가그는 이상하게 생긴 괴물이다. 그래서 그들은 몸을 감추려고 물 밑에 산다. 미치키니비가그는 모든 종류의 뱀을 가리킨다. 성품은 양순하고 대개는 쥐나 벌레를 잡아 먹고 산다. 모두 헤엄치기 선수들이다. 특히 돼지코 뱀은 카누를 만나면 헤엄치다가도 수면에서 구르기를 하거나 죽은 척하는 신기에 가까운 재주를 가지고 있다.

보통 뱀들과 다른 게 있다면 미치키니비가그에게는 뿔이 달렸다는 것이다. 어떤 것들은 무스처럼 크고 넓적한 뿔을 가졌고 어떤 것들은 사슴처럼 작은 뿔이 있다. 이 때문에 땅의 갈라진 틈이나 쌓인 나뭇잎을 들고 날 때 곤경에 빠지곤 한다. 뿔이 걸려 오도가도 못하게 되는 것이다. 그래서 그들은 자신들의 신체적 결함에 맞추어 특성을 바꾸기로 했다. 뱀이 아닌 것처럼 행동하기는 했지만, 그렇다고 덩치 큰 짐승 행세를 할 수 있는 것은 아니었다. 잘못 얼쩡거렸다가는 커다란 발굽을 가진 순록이나 무스에 짓밟히기 십상이었다. 불쌍한 이 괴물들이 때로 심술을 부리게 된 것은 이 때문이라고 한다. 요즘에는 달이 있을 때만 녀석들이 불쑥 나타난다. 혹여 어둠 속에서 죽은 가지가 몇 개 삐죽하게 나와 있는 낡고 비틀린 통나무를 보게 될 때, 그것이 나무가 아니라 바로 미치키니비가그라고 보면 틀림없다.

딕 아저씨가 언젠가 무스에 깔려 죽을 뻔했던 이 뿔뱀의 복수 얘기를 해 주셨다. 간신히 살아 남은 그 녀석은 슈피리어 호수 북쪽 호숫가의 모든 강물과 냇가를 샅샅이 돌아다니며 도움을 청했다. 그렇게 자기편을 모은 다음 약속장소에 모여 미시 비주의 조언을 구했다. 녀석들은 호수 쪽으로 조금 들어가 물풀이 두텁게 덮인 곳에 숨어 있었다. 미시 비주와 함께 뭔가 계획을 짰던 것이다.

미시 비주는 점잖게 행동하며 호수가 잠잠해지도록 돕기로 했다. 큰 독수리를 살살 꼬여 주의를 돌려 놓으면 그의 날갯짓 때문에 호수가 출렁거리는 일온 없을 터였던 것이다. 그러고 나서 그는

"아~우, 아~~우."

하며 외로운 무스의 울음소리를 흉내내기로 입을 맞추었다.

그 울음소리를 듣고, 목도 축일 겸 짝짓기라도 할 수 있을까 하는 기대를 하며 무스가 잔잔한 호숫가로 다가오면 숨어 있던 뿔뱀들이 한꺼번에 들고 일어날 것이었다. 갑자기 무스의 솥뚜껑 같은 발이 디딘 땅이 벌떡 솟구치며 뿔 난 뱀들이 일어나 무식하고 둔해 빠진 그 녀석을 꼬꾸라지게 해서 코부터 호수에 처박을 참이었다.

작전은 멋들어지게 들어 맞았다. 정말이지, 땅이 일어나자 꽤 여러 무스가 호수에 거꾸로 처박혔다. 바로 그때 호수를 에워싼 산들이 만

들어졌고, 무스가 헤엄을 치게 되었다고 한다. 골짜기나 평지는 땅이 이렇게 뒤집힐 때 덩치가 작은 몇몇 뿔뱀이 자신에게 배당된 땅덩이를 들고 일어나지 못해서 만들어진 것이다.

호수는 절로 출렁이겠지만 바람이 잠잠한 날에는 가장 길고 좁은 만으로 가 보라. 거의 16분에 한 번씩 수위가 올랐다 떨어지는 것을 관찰할 수 있다. 잠깐 자리를 비울 때조차도 배를 물가에서 멀리 떨어진 곳까지 끌어 나무에 매 두어야 하는 이유가 여기에 있다. 그 수중 괴물들이 언제 또 들고 일어날지 모르니까.

참을성 많은 마나부주의 아내 민와우는 초겨울에 비누를 많이 만든다. 이때가 동물성 지방을 구하기 가장 쉽기 때문이다. 집 바깥에 주둥이가 넓고 속이 깊은 토기솥을 걸어 도살하고 남은 고기기름 덩어리를 넣어 끓인다. 딱딱한 것과 부스러기들을 버드나무와 부들로 만든 채로 걸러 낸다. 잘 녹지 않는 것들은 남편이 키우는 개 두 마리한테 준다. 조개탄의 불이 꺼지고 토기솥의 온기만 남아 있을 무렵, 그녀는 굳어가는 기름에 활엽수 재로 만든 걸쭉한 잿물을 첨가한다. 그런 다음 삼나무 주걱으로 밑이 둥근 솥을 부드럽게 골고루 저어준다. 성질이 서로 다른 기름과 잿물이 잘 엉기게 하는 것은 민와우가 얼마나 힘을 들여 잘 저어주는가에 달렸다. 비누의 향과 알맞은 굳기를 위해 향이 강한 민트를 조금 첨가한다. 시커먼 돌 세 개를 고여 솥이 쓰러지지 않게 한 뒤 민와우는 불기가 남은 조개탄을 끌어 모은다. 비누 만들기에서 무엇보다 중요한 것은 온도다. 너무 뜨거워도 너무 식어도 망친다. 그래서 민와우는 준비한 조개탄으로 일을 끝내기 위해 부지런히 손을 놀려야만 한다.

빨래하는 날

오늘은 눈이 적당히 쌓여 있어 비누의 모양을 만들기는 그저 그만인 날이다. 자작나무 껍질로 비누 틀을 굳이 만들지 않아도 되기 때문이다. 굳은 비누는 자작나무의 두꺼운 껍질로 만든 바구니에 잘 보관해 쥐나 다른 동물의 손을 타지 않게 한다.

바구니에는 저마다 꼭 맞는 평평한 뚜껑이 달려 있다. 바구니를 부드럽고 싱싱한 껍질로 만들기 시작한 이래로, 그 뚜껑에는 물새나 육지 동물, 물고기 등 우리 부족 사람들이 각각의 가계를 확인하기 위해 사용하는 모든 수호 동물들의 무늬가 새겨져 왔다. 기회가 되면 몇 해에 한 번씩 그녀는 한두 개의 새 바구니를 만들어 보탠다. 우리 부족 여인들의 바구니 욕심은 원래 소문난 것이라 민와우도 예외는 아니었다. 그녀는 본인 것은 물론이고 자매들이 만든 바구니도 좋아한다. 만드는 사람마다 스타일이나 장식이 틀리니까 어느 것이 누구 작품인지 바구니 공예가들은 한눈에 알아 본다.

민와우는 비누 바구니를 가슴 높이 정도의 창고 선반에 보관한다. 비누에 들어 있는 기름기를 먹는 데 혈안이 된 동물이 마음만 먹으면 선반을 오를 수 있다는 것을 모르지는 않지만, 그렇다고 맨 아래칸에 두어 너무 쉽게 먹이로 줄 필요도 없다고 생각한다. 그래서 그녀는 쉽사리 넘볼 수 없도록 자신이 자주 지나다니는 곳에 두고 감시하는 것이다. 특히 민트향은 동물을 쫓는 효과가 있다.

민와우는 아침 내내 슈피리어 호숫가에서 빨래를 했다. 비누 거품이 작은 방울을 만들며 씻겨 내려간다. 빨래터 아래에 있던 아이들은 떠내려온 투명한 비누거품을 후후 불거나 터뜨리며 논다. 어떤 녀석은 거품을 걷어 머리에 문지르는 바람에 민와우는 혀를 차야 했다. 머리를 감기에는 호숫물이 아직 차가운 까닭이다.

민와우는 오줌을 가리지 못하는 막내아들이 지도를 그린 이불을 빨 참이다. 이른 여름 아직 물이 차가울 때 이부자리를 혼자 세탁하기는 무겁기도 하고 여간 힘에 부치지 않는다. 하지만 남편과 아이들은 오늘 각자 할 일이 맡겨진 상태다. 오늘 남편의 임무는 여섯 살배기 아이와 재미있게 놀아 주는 것이다. 늘 할 일이 많은 그녀에게 자유 시간은 그림의 떡이다.

힘들여 끌어 올리고 물기를 짜고 비틀기를 한참이나 한 끝에 그녀는 겨우 이불을 머리보다 높은 빨랫줄에 건다. 빨래 집게는 가게에서 산 것으로 금속 스프링이 달려 있다. 남편은 그런 물건들이 지닌 이질감에 대해 늘 불평하지만 그녀로서는 이 현대 발명품에 그저 감사할 뿐이다. 남편이 좋아하거나 말거나 금속과 나무로 만든 집게는 마나부주가 싱싱한 나무로 만들어 준 것이나 다름없는 성능을 지녔다. 더구나 새로 만들어 달라고 남편을 볶을 필요도 없으니 현대를 산다는 것은 나름대로의 장점이 있는 것이다.

이제는 남편이 제일 아끼는 순모 스웨터를 빨 차례다. 이 스웨터는 낚시할 때 입으면 행운을 준다며 남편이 하도 즐겨 입는 바람에 자주 빨 수밖에 없어 송잇장처럼 닳았다. 이제 다른 현대의 발명품이 필요해진다. 이들 현대 발명품 가운데 어떤 것을 받아들여야 하는지에 대해 남편이 선택적이라는 사실을 그녀는 안다. 낡은 순모 스웨터를 대신해 남편이 현대적인 옷감을 선택하도록 살살 구슬리는 일이 남았다. 물론 구슬리는 방법은 부드러움과 사랑이 넘치는 것일 터이다. 수백 년 동안 두 사람은 그렇게 해왔으니까.

나의 두 어린애들이 탐험을 마치고 돌아왔다. 나이든 소년인 할아버지와 다섯 살배기 내 아들을 두고 하는 말이다. 두 남자는 부두에 닿기도 전에 배에서 일어나 소리를 질러 댄다.

"우리가 뭘 가져 왔~게?"

배가 온통 꽃으로 뒤덮여 있다. 나는 두터운 외투를 입고 있었지만 그 꽃을 보자 남태평양의 섬에 있다는 착각이 들 정도였다. 날씨는 여전히 찼다. 샐러드를 만들려고 아침에 감자를 삶았는데 냄비에 전분이 눌어붙는 바람에 고운 모래로 문질러 닦느라 호숫물에 들어 갔다 사지가 얼어 붙는 줄 알았다. 두 사람이 없는 동안 쉬지 않고 움직이느라 몸은 피곤한데도 마음만은 그들과 맘껏 놀고 싶어 안달이 났다. 그리고 이건 정말이지 환상이 아니라 눈앞에 펼쳐진 현실이지 않은가.

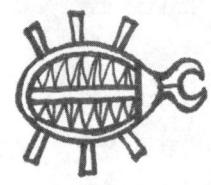

꽃더미와 입맞춤

배가 부두로 미끄러져 들어 올 때 팔을 한껏 벌린 할아버지는 수북한 꽃무덤에서 튀어나온 공주와도 같다. 얕은 물로 배가 들어서자 엔진을 제때 멈추기 위해 몸을 돌려 굽히시는 할아버지를 보며 나는 부두로 달려가 배 앞쪽 밧줄을 잡아 당긴다. 배를 잡으려 내가 물 쪽으로 몸을 뻗을 때, 배 앞쪽에 타고 있던 덩치 큰 개가 부두로 튀어 나오는 바람에 갑자기 배가 옆으로 쏠렸다. 꽃들이 호수로 쏟아졌다. 나는 한달음에 모래밭을 달려 호수로 걸어 들어가 물에 흩어진 꽃들을 주웠다. 성탄절 아침, 선물 꾸러미를

푸는 어린아이들처럼 우리는 모두 기쁨을 주고받는 일에 늘 마음이 설렌다.

내가 배를 매어 둔 옆의 허리께까지 물이 차는 곳으로 들어가자 멍멍이 녀석도 컹컹 짖으며 물 속으로 따라 왔다. 모자 딸린 외투가 물에 흠뻑 젖었지만 나는 아랑곳하지 않고 얼굴을 꽃더미에 묻은 채 향기에 취했다. 배의 앞쪽은 사과꽃으로, 뒤쪽은 자줏빛 라일락으로 가득했다. 그것도 모두 활짝 핀 꽃들이.

할아버지와 아들아이는 너무 오래되 이제는 흔적조차 찾기 힘든 할아버지의 통나무 집터로 보물찾기 탐험을 다녀왔다. 덜 녹슨 난로의 볼트, 비누통으로 만들 수 있는 금속제 그물 부유물, 아직도 송진냄새가 남아 있는 오래된 약병 같은 것들은 할아버지나 아이에게 보물이다. 20세기 전반까지는 아주 외딴 곳에도 어촌이나 전진 기지들이 있었다. 할아버지와 내 아이는 호수가 지금과는 달랐던 그때 그 시절의 기억과 체험을 더듬어 보고 온 것이다.

"어디서 이 많은 꽃을 구했나요?"

"빈대 항구."

"그렇게 멀리 갔었단 말이에요?"

깜짝 놀라며 돌아보니 호수는 쥐 죽은 듯 고요하다. 그렇다면 위험하지는 않았겠군…. 그나저나 하루가 벌써 다 지나갔네, 뭘 했지? 그래, 감자 샐러드를 만들어 두었지!

이젠 내가 가장 좋아하는 고풍스러운 라일락과 오래되고 보기 드문 갖가지 사과꽃들이 한 다발씩 배에서 나의 팔로 옮겨진다. 어찌나 조심스레 정성껏 다루었던지 부러진 가지 하나 없다. 그리고 우리는 현관의 양동이에 그 꽃들을 담고 한 사람씩 그 사이에 서서 기념 사진을 찍는다. 왼쪽에는 라일락, 오른쪽엔 사과꽃을 두고 슈피리어 호수와 스무마리쯤 되는 강오리와 자그만 섬들을 배경으로, 자! 웃어요, 찰칵!

꽃 양동이들이 방 한 칸짜리 집을 에워쌌다. 나는 꽃으로 장식한 집을 더 잘 보기 위해 호숫가를 따라 걸었다. 그리곤 부두에 정박한 배위에서 바라봐야 가장 근사할 것이라고 강조한다.

이제는 사라진 '빈대 항구'. 지금 내 눈앞에는 그 항구의 초여름이옮겨와 있는 것이다. 천연 항구였던 그곳은 지금처럼 물고기 씨가 마르기 전만 해도 다양한 형태로 통혼이 이뤄졌던 스웨덴인과 오지브웨이 부족 어부들을 위한 안식처였다. '빈대 항구'는 고집스럽게도 고기잡이 철이면 어김없이 이곳을 찾는 어부들을 쫓아내고야 만 해충의 이름을 딴 것이다. 아주 오래 전부터 물에 의존해 살아가는 아내들에게나무는 기쁨 그 자체였을 터이다. 그렇지만 그런 외진 곳에 어린 묘목을 옮겨 심는 것도 따지고 보면 용기없이는 불가능한 일이었을 것이다. 열기를 가득 안은 호숫가를 따라 줄지어 선 야생 사과나무들은 해마다 빨간 열매를 맺는다. 이 얼마나 즐거운 일인가? 게다가 이 기쁨을 나와 내 가족이 누리다니…. 나는 정말 진심으로 그 앞에 무릎을 꿇지 않을 수 없다.

할아버지와 아이가 내 양 볼에 입을 맞춘다. 우리의 웃음은 멈추지않는다. 이 둘은 정말 사랑밖엔 모르는 나의 연인들이다. 할아버지는언제나 숙녀에게 친절한 신사셨다. 때문에 나이 드시고 혼자 계시는모습은 잘 상상이 가지 않는 대목이기도 하다. 할아버지와 할머니께서는 부엌에서 얼마나 길고 정열적으로 키스를 하셨던가. 할머니의 등이 부엌의 펌프 손잡이를 누를 만큼 휘어지게 키스를 하시던 모습을 잊을 수 없다. 그 바람에 펌프가 눌려 공기가 수도관을 타고 올라오는 소리가 나곤 했다. 그런데도 아랑곳 않고 두 노인네는 그 소리가 한참이나 들리게 했다.

내 부모님도 그렇게 키스를 하셨다. 길고 열정적으로 부엌에서 매일매일. 할아버지 부부를 본받아 그러셨을 테니 내 아이들도 그럴 것이다. 집안 내력인 셈이다.

오지브웨이 부족 구전에 따르면, 실제로 사랑과 정열은 우리의 전통에서 중요한 부분을 차지한다. 마나부주도 여성 예찬론자다. 당연히 그가 민와우에게 구혼했고, 마침내 그녀도 그의 사랑을 받아들여 영원히 함께 있게 되었다. 그녀만이 마나부주를 참아 줄 수 있는 상대라고 우리가 농담도 하지만, 사실은 서로가 정열이 있었기에 가능한 일이었을 것이다. 마나부주는 아내의 집을 언제나 꽃으로 가득 채워 놓곤 했다. 혹여 바보 같은 짓을 저지르거나 실수라도 했을 때는 더 그렇게 한다. 얼굴이 묻힐 만큼 팔 한 아름 꽃을 안기는 바람에 벌에 쏘인 적이 한두 번이 아니라고 한다. 그럴 때 민와우는 마나부주더러 자신이 부주의해서 그렇게 되었노라고 벌에게 사과하게 한다. 마나부주는 어른이면서 아이였다. 그녀는 동심을 간직한 어른인 그를 사랑한 것이다.

내가 할아버지를 사랑하는 것처럼 말이다.

일전에 미시간 해양박물관을 둘러본 적이 있다. 관장의 초대로 찾게 된 박물관에는 자작나무 껍질로 만든 카누 전시회가 열려 내가 강연을 하게 되었다. 나는 자작나무 껍질을 무엇으로 고정시키는지에 대해 설명했다. 끈적한 송진을 제자리에 깔끔하게 바르려면 작업자가 얼마나 부지런히 엄지와 다른 손가락들을 핥아야 하는지를 직접 보여 줬다. 송진을 녹여서 흐르게 하려면 수지를 알맞게 섞어야 하며 그래서 자작나무 껍질 카누는 언제나 그늘이나 물 속에 세

날아라, 돼지호!

워 두어야 한다는 것도 설명했다. 디자인의 기능적인 요소들이 얼마나 아름다운 모양으로 표현되었는지도 보여 주었다. 하지만 카누 겉모양이 근사한 것도 아니고 물에 뜰 것 같지도 않아서인지 그 누구도 배를 타고 물로 나가보겠다고 나서지 않았다. 하기야 조그만 배와 사람의 관계는 서로에 대한 신뢰가 없을 때면 아무것도 아니니까.

박물관 밖의 톱질 모탕에 제법 큰 삼나무 통나무가 올려져 있었는데, 발 하나 들어갈 만한 넓이로 통나무 속이 파여 있었다.

"저게 뭐지요?"

내가 물었다.

"통나무 카누입니다."

내 엉덩이를 한 번 보고 다시 그 카누를 돌아보니 올라 타기에는 어림도 없다.

"사람이 앉기엔 좁겠군요."

내가 말했다.

"어느 자원 봉사자가 만들고 있는 중입니다. 아이들에게 카누 하나 만든다는 것이 얼마나 힘드는지를 보여 주려는 거지요."

그 자원 봉사자의 뜻은 갸륵하다. 하지만 그렇게 하면 그것을 보는 아이들은 시간을 도둑맞은 것이나 다름 없다. 그 아이들이 수령 오랜 수목과 함께 성장할 기회를 박탈당한 것이다. 그들은 삼나무가 많이 자란 다음에는 껍질이 단단해지는 한편 저절로 나무 속이 비게 된다는 사실을 모른다. 나무 속을 파내는 통나무 카누 만들기는 어려운 작업임에 틀림없다. 하지만 생나무를 베어 멀쩡한 그 속을 파내지 않는다면 그렇게 힘든 일도 아니다.

이런 문제는 문화의 연속성이 단절되기 때문에 발생하는 것이다. 끊어진 부분만큼 사람들은 문화 유산을 도둑맞게 되고, 여러 세대를 거쳐 지식을 전달해온 상식을 강탈당하는 것이다. 때로 역사를 지키는 사람들조차 선조들의 실수나 성공에서가 아니라 스스로의 시행착오를 통해서 배우지 않으면 안 되는 모양이다.

아주 오래 전, 내가 아직 어린 아이였을 때의 이야기다. 우리 섬의 끝에 있던 속이 빈 커다란 삼나무가 슈피리어 호수로 쓰러졌다. 그 통나무는 잠자는 오두막인 와키곤 근처 튀어나온 바위틈에 단단히 끼어 꼼짝도 하지 않았다. 물에 잠긴 통나무는 거센 바람을 타고 간헐적으로 밀려 오는 파도를 고스란히 맞고 있었다. 할아버지와 아버지, 삼촌들은 인간이 그 용도를 결정하는 것보다는 슈피리어 호수가 그 삼나무의 껍질을 벗겨 내며 적당한 부분을 자연스럽게 닳게 하도록 내버려 두는 것이 좋겠다고 마음을 모으셨다. 그래서 어린 나는 그 후 몇 년간 와키곤을 지날 때마다 그 삼나무가 얼마나 잘 닳고 있는지, 언제 우리의 카누로 만들어질 것인지 살폈다.

어느 시원하고 고요한 아침, 남자 어른들이 모여 이제는 그 통나무가 카누로 만들 만큼 충분히 다듬어졌다고 결론을 지었다. 힘든 일 하기에 날씨도 괜찮았고 이제는 행동으로 옮겨야 할 시점이었다. 주전자로 커피를 두 번이나 내려 마신 뒤 본격적인 행동에 들어갈 준비는 마쳤지만 보트창고로 우르르 몰려 들어가서는 칠칠치 못하다느니, 도대체 두서가 없다느니 하며 서로를 나무라느라 연장 찾는 일은 뒷전이었다. 세월이 몇 해 흐르는 바람에 어떤 연장이 맨 위에 있어야 한다든가, 아니면 제일 앞에 걸려 있어야 한다든가 하는 것도 각자 생각이 달라져 저마다 옳다고 우긴 탓이었다.

끝도 없이 티격태격하면서 저마다 삼나무 벌목할 때의 기억을 총동원한 끝에 남자들은 온전한 크기의 카누를 만들기에 넉넉한 길이로 그 통나무의 속이 비어 있다고 확신했다. 또한 배의 앞뒤 끝은 막혀야 하기 때문에 나무의 속이 비어 있는 부분이 어디에서 끝나는가도 측정했다. 그러고는 마치 베어 낸 나무에 와글와글 붙어 있는 흰개미들처럼 톱질을 시작하게 되었다.

한 가지만 빼면 그들의 측량은 놀라울 정도로 정확했다. 빌 아저씨가 판단 착오로 나무 밑동을 너무 바특하게 자르는 바람에 카누의 한쪽 끝에 구멍이 나게 된 것이 옥에 티였다. 할아버지는 자작나무 껍질로 카누를 만들 때처럼 자작나무의 껍질과 송진을 이용해 통나무 카누의 끝을 마감할 수 있다고 주장하셨다. 그래서 그들은 자신들의 장인

이기도 하고 아버지이기도 한 할아버지 말씀에 따라 일을 계속해 나갔다. 우리 어린아이들은 멀찌감치 떨어져 서성거리고 있었다. 처음 실수는 웃어넘겼지만 어른들도 계산 착오가 계속되면 심술이 나는 모양이었다.

일단 끝을 잘라 내고 가지를 쳐내자 매끈해진 통나무는 호수로 굴러 떨어졌다. 남자들은 장화며 양말을 벗어던지고 바지를 걷어올리고 호수로 뛰어들었다. 그들이 연장으로 꽉 찬 보트창고와 여자들로 가득한 북적대는 부엌 가까운 호숫가로 끌고 온 통나무는 물을 흠뻑 먹긴 했어도 여전히 물에 떴다.

남자들은 나무가 젖었을 때 몸통을 길이로 반을 갈라야 한다고 결정했다. 나무가 물에 불어 있어 작업하기가 쉬울 것이라 생각하고 내린 결정이었으나 그렇지는 않았다. 그렇지만 언제 다시 다들 모일 수 있을지도 알 수 없었기에 일을 계속 진행했다. 그들은 괴물 같은 그 통나무가 쪼개질 때까지 삼각형의 나무 쐐기를 힘껏 쑤셔 박은 다음 가지고 있던 온갖 연장을 동원했다. 할아버지는 그때까지도 꿋꿋이 남아 있던 몇몇 삼나무 연결 조각을 잘라 내기 시작하셨다. 마지막 조각이 잘리자 다른 사람들은 떠받치고 있던 통나무 반 동강의 무게 때문에 나가 떨어지고 말았다. 그 통나무를 반으로 쪼개면 카누를 두 개나 만들 수 있을 것으로 여겨졌다. 하지만 결국 그들은 운을 좇느니 한 개의 통나무 카누를 만드는 일에 전념하기로 결정을 내렸다.

그 다음의 작업은 힘들고도 재미있었다. 반으로 쪼개진 통나무의 빈 속에서 파낸 보송보송한 부싯갓. 그것으로 호숫가에서 뜨겁게 피웠던 모닥불. 남자 어른들과 아이들은 호숫가를 따라 단단하고 잘 마른, 야구 방망이 굵기의 나무 토막을 주우러 몰려 다녔다. 마침내 통나무 속은 불로 태워 매끈하고 깔끔하게 다듬어졌다. 그렇게 탄생한 카누는 날렵하고 가벼웠으며 단단했다. 카누의 한쪽 끝이 없다는 것만 빼면….

통나무 배 한쪽 끝을 임시변통으로 판을 덧대어 붙일 요량으로 할아버지는 집 뒤 언덕 위에서 제법 큰 삼나무를 자르셨다. 할아버지는 우리 언니를 데리고 그것을 같이 운반한 다음 껍질 벗기는 법을 가르치셨다. 내가 단언컨대 언니는 정말 하고 싶지 않았겠지만 시키니까 할 수 없이 했던 거였다. 아하! 큰언니의 그 고생을 지켜보며 우리가 얼마나 고소해했던가? 그것은 오로지 우리 중 몇몇 만이 알고 있는 고상한 복수심 같은 것이었지…. 껍질 벗기는 일을 끝내고 언니는

"송진 좀 갖고 와 봐!"

하며 나에게 으르렁댔다. 아래위가 엄연한 이상 나도 시키는 대로 해야 했다. 일을 마친 언니에게 손 닦을 낡은 수건도 갖다 바치지 않았던가.

할아버지는 작지만 묵직한 도끼로 푸른 삼나무 목재에 길다랗게 붙어 있는 판자를 떼내기 시작하셨다. 그것을 뜯어 내어 모양을 다듬고 매끈하게 만드는 것은 당신만이 할 수 있는 일이라 자부심이 대단하셨다. 지금도 기억이 나는 건 그때만 해도 할아버지는 흰머리가 거의 없는 짧은 머리를 하고 계셨다는 사실이다. 당시 남자들은 뱃사람들처럼 모두 짧은 머리였다. 어른들이 일하느라 허리를 굽히면 드러나던 머리통은 단정하고 깜찍하기까지 했다. 할아버지는 일하시다가 머리에 생긴 상처가 여럿이었고, 각 상처마다 갖가지 사연을 담고 있었다.

할아버지께서는 아버지와 삼촌 등 남자 어른들을

"얘들아!"

하고 부르신다. 할아버지에게 늘 아이 같은 어른들이 송진 풀에 필요한 재료를 자르고 녹였다. 어떤 종류의 재를 사용해야 제일 수명이 긴 접착제를 만들 수 있겠는지를 놓고 만만치 않은 논의가 있었다. 그들은 만들려는 카누가 어떤 목적과 어떤 조건에서 운행하게 될 것인가를 살펴본 뒤, 접착제는 큰 문제가 아니라는 판단을 내렸다.

아직 한쪽 끝을 판자로 막지 못한 상태이긴 해도 반이 갈린 통나무는 아주 그럴 듯했다. 카누에 붙일 판자를 다듬고, 통나무를 말리려면 며칠은 더 걸려야 했다. 마지막 조립 단계에 접어들자 우리 어린애들의 관심은 시들해지고 있었다. 어른들은 카누의 표면을 문질러 광을 내느라 정신 없는데 우린 그냥 소 닭 보듯 하며 지나쳤다. 마침내 완성된 카누에 녹색 페인트가 칠해졌다. 보트창고에 굴러다니던 쓰다 남은 페인트를 섞어 만든 그 녹색은 참으로 끔찍했다.

불편하고 흔들리긴 했지만 널찍한 카누를 시범 항해 해본 후 어른들은 그것을 어린이용 카누로 하시기로 결정했다. 우리들에게 그 카누를 주시면서 안전 수칙도 정해 주었다. 호숫가에서 3미터 이상 나가지 말 것, 한 번에 두 사람 이상 타지 말 것, 언제나 구명 조끼를 입고 탈 것 등이다. 또한 우리가 좌초당할 때를 대비해서 할아버지는 단단한 선미 쪽에 카누를 끌 때 쓰기 위해 커다란 쇠고리를 달아 놓으셨다. 그 녀석을 타고 가슴 졸이는 모험을 하며 한 철을 보낸 뒤, 우리는 그 카누에 '물돼지' 라는 세례명을 지어주고 한 쪽 옆구리에 매직 펜으로 큼직하게 써 주었다.

물돼지는 노를 젓기는 힘들어도 다른 카누에 끌려가는 데는 선수였다. 이런 특성을 눈치채자 우리는 물돼지에 탄 채 어른들에게 섬이나 물풀 주변을 끌고 다녀 달라고 조르게 되었다. 할아버지 댁 주변의 물길이 빠른 속도로 달릴 수 있는 여건이 못 되었기 때문에 가족들이 섬 밖으로 멀리 나갈 때 이용하는 배조차도 엔진 출력은 9.5에서 15마력 정도의 느린 것들뿐이었다. 우리의 물돼지를 끌고 가는 바람에 배의 속도가 더디다고 아버지나 삼촌 등 어른들이 불평을 했을 수는 있다. 하지만 그렇게 끌려갈 때면 적어도 우리는 물돼지를 타고 날아가는 듯한 기분을 만끽했다.

몇 년 후 아버지께서 트럭에 목재와 철물을 가득 싣고 호숫가에서 꽤 떨어진 길 끝까지 오셨다. 도로가 호수까지 연결되어 있지 않았기 때문에 당시 십대였던 우리는 아버지가 싣고 오신 목재를 트럭에서 내려 암초 투성이인 호숫가까지 날라야 했다. 그때 우리는 물돼지와 생필품을 호숫가로 가져갔다. 배에 목재를 실은 뒤 아버지는 목재를 잘 부릴 만한 아이들을 데리고 섬으로 먼저 가시고, 남은 우리는 육지에 남아 달려드는 모기를 손바닥으로 쳐내느라 정신이 없었다. 기다리는 시간은 길기만 했다. 우리를 건너편 호숫가에 둔 채 아버지께서 목재만 싣고 갑문을 돌아 나가실 때마다 우리들 가슴은 얼마나 무너지던지….

우리 아버지에게는 '계산기 목수'라는 별명이 따라다녔다. 아버지는 무엇이든 공을 들여 하셨다. 일단 하는 일은 허투루 하시는 법이 없고 만드신 것이 고장 나는 법도 없었다. 지은 건물을 다시 짓는다는 것도 있을 수 없는 일이었다. 그러니 직접 베고 다듬고 말린 그 목재로 무얼 하실 건지에 대해서도 아버지는 이미 꼼꼼히 계획을 세워놓으셨다. 그때 가장 급한 일은 할아버지 댁의 휘어진 야외 탁자를 새로 만드는 것이었다.

아버지는 가구를 만들면서도 거의 못을 쓰지 않으셨다. 해체하거나 옮길 때, 또는 다른 용도로 써야 할 때를 대비해 쉽게 풀고 조일 수 있는 볼트와 너트를 즐겨 사용하셨다. 아버지가 가장 좋아하는 단어는 단연 '일'이었다.

야외 탁자의 상판은 뗐다 붙였다 할 수 있게 만들어졌다. 그런데 그 위에서 식사도 한 번 하기 전에 오빠가 아버지에게 새로운 제안을 내놓으며 졸랐다. 길다란 탁자의 상판이 오랫동안 수평을 유지하려면 가운데에 버팀목을 세워야 한다는 얘기였다. 일단 상판을 떼어낸 뒤 아래쪽에 보트용 키(방향타)를 대고, 나사 머리가 튀어나오지 않게 위에서 고정하면 된다는 것이었다. 오빠의 제안대로 일이 진행되었다. 상판의 아래쪽에 버팀목이 들어설 자리에 V 홈이 파였고, 상판을 끌 수 있는 큼직한 쇠고리도 달렸다. 그리고 상판의 한복판에 구멍이 여러 개 뚫렸다. 이 구멍들은 신발치수 12와 2분의 1짜리 컨버스사의 올스타 농구화 두 짝을 상판에 나사못으로 고정하기 위한 것이었다. 인정하고 싶진 않지만 오빠의 머리는 비상했다. 나는 다시 태어난다고 해도 그의 머리를 따를 재간이 없을 듯싶다. 그렇게 자기 뜻대로 탁자의 상판이 개조되고 나서 탁자 위에 다시 올려지자, 오빠는 탁자 밑으로 기어 들어가 바닥에 등을 대고 누워서 주머니 칼로 상판에 이렇게 새겼다. '물돼지 2호'

그 후 모험이 이어졌다. 이제 개들조차 얌전히 있기만 하면 물돼지 2호를 타고 날듯이 물위를 달려 볼 수 있었다. 물론 문제도 있었고, 사고도 났다. 불행하게도 아이 열 명 가운데 둘은 발 크기가 상판에 고정된 농구화보다 작았다. 발이 작은 두 아이는 신발 끝을 양말로 채운 다음에야 그 상판 위에 올라 타고 즐길 수 있었다. 상판을 떼어다 물에 띄우고 농구화에 발을 집어넣고는 앞의 배에 밧줄로 연결하기만 하면 물돼지 2호는 또 하나의 놀잇배가 되었다. 언젠가 앞에서 끌어주던 보트의 엔진이 멎어 버리는 일이 있기 전까지만 해도 물돼지 2호 놀이는 얼마나 재미있었던가. 그때 나는 보트의 엔진을 다시 가동하기 위해 시동용 밧줄을 끌어 당겼다가 엔진이 돌아가면 그 줄을 천천히 풀어줄 요량이었다. 그런데 당겼던 밧줄이 손에 감기는 통에 제때 손을 빼지 못했고, 되감기는 밧줄의 탄력으로 나는 그만 운동화에서 발이 빠지면서 상판 위로 고꾸라지며 얼굴부터 부딪히고 말았다. 그때 그 자리에 있었던 형제들 가운데 몇몇은 내가 앞쪽으로 공중제비를 한 번 돌며 넘어졌다고 우겼다. 넘어질 때의 내 모습에 대한 이 괴상하고 시시콜콜한 이야기가 우리 가족들 사이에는 기정 사실로 굳어지고 있지만, 전혀 사실과 다르다. 그때의 상황은 그 사건의 당사자인 내가 제일 잘 안다. 그리고 나에 대해 이러쿵저러쿵 떠드는 형제들은 그다지 평판이 좋지 않은 이야기꾼들이다. 어쨌든 이것이 내 코가 부러졌던 사연이다. 이젠 그 일을 그다지 마음에 두지 않는다. 하지만 삼십 년도 더 지난 지금까지도 수신인을 '물돼지 3호'로 적어 나에게 크리스마스 카드를 보내는 형제들이 있으니 아무리 생각해도 짓궂기 짝이 없다.

앞에서도 얘기했듯 나중에 부품을 바꾸거나 할 때를 대비해 무엇이든 볼트로 짜 맞추기를 좋아하셨던 아버지는 그 특별했던 작은 물놀이 배는 별로 신용하지 않으셨던 게 아닌가 싶다.

방 한 칸짜리 오두막에서는 공간을 어떻게 활용하는가가 최우선 과제다. 항상 늘어 놓기만 하는 할아버지만 빼면 우리는 무엇이든 간결하게 합치는 경향이 있다. 할머니와 어머니, 그리고 숙모들은 공간을 조금이라도 넓히려고 한 통에 이것저것 섞어 집어 넣곤 했다. 쓰다 남은 여러 종류의 샴푸를 깨지지 않는 통에 섞어 담은 '짬뽕 샴푸'가 생긴 것도 그런 이유에서다. 그렇게 수십 년 해왔는데 짬뽕 샴푸는 비록 색은 불투명하고 일정하지 않지만 민트향이 더 오래 간다. 그리고 질도 아주 좋아서 우리가 똑같은 것을 만들어 낼 수만 있다면 시장에 내다 팔아도 될 정도다.

짬뽕 샴푸

이 손바닥만한 섬과 코딱지만한 집은 수시로 사람들, 아이들로 넘쳐 난다. 엄청나게 넓은 슈피리어 호수에서 아이들에게 이 섬만큼 안전한 곳도 없다. 딱히 갈 곳도 없고, 가전 제품이나 자동차는 물론 해코지할지도 모르는 낯선 사람도 없는 곳이 이 섬이다. 우리는 아이들이 걸음마를 시작하기도 전에 기초 수영이나 안전 수칙부터 가르치고, 전해 오는 이야기를 통해 사고를 예방하도록 주의를 환기시키곤 한다. 어릴 적 어른들이 무시무시한 얘기로 나를 얼마나 겁먹게 했는지 하느님은 알고 계실는지. 그러면서도 얼음처럼 차가운 깊은 물, 칠흑 같은 밤, 달밤의 화장실, 귀신이 지나간 길이나 식인종, 심지어 굶주린 곰 등 이야기 속에 등장하는 무시무시한 것들을 나는 자라면서 점점 좋아하게 되었다.

춥거나 비라도 내리는 밤이면 우리는 오두막마다에 어깨를 부딪히며 모여 앉는다. 부엌 오두막에는 널찍한 침대가 있는데, 우리는 그것도 모자라 보트창고에서 매트리스와 접는 침대를 꺼내오곤 했다. 여분으로 만들어 놓은 삼나무 문짝들을 침대 곁 부엌 바닥에 가지런히 눕히면 또 하나의 잠자리가 마련된다. 의자에 올라서서 다락으로 오르는 밧줄 사다리를 당기기도 한다. 예민한 사내아이들은 다락방의 침낭 속에서 밤새 불편한 잠을 청한다. 다락 위에는 만화책이 한 보따리고, 야한 성인 잡지도 한두 권은 있을 것이다.

통나무 오두막은 침대로 꽉 차게 되고, 우리는 거리낌없이 한 침대에 네 사람씩 올라간다. 접는 침대가 통로를 차지하기 때문에 자다가 화장실이라도 갈라치면 늘어선 침대와 침대를 기어서 나와야 한다. 달랑 하나 밖에 없는 등잔불은 아이들이 카드놀이 하느라 자기들한테로 돌려 놓는 바람에 다른 곳은 빛 구경을 하기 힘들다. 사람 몸에서 나는 열기만으로도 훈훈하기 때문에 벽난로를 뗄 필요가 거의 없다.

더운 여름 밤 두꺼비 번식철이 되면 부엌에서 숙소로 가는 밤길은 두꺼비 소리로 귀가 얼얼할 정도다. 그럴 때면 아이들에게 횃불을 들려주고 두꺼비를 밟지 않도록 발 밑을 조심하라 이른다. 요즘에도 여름날 어른들이

"자, 이제 그만 잘 시간이다."

라고 하면, 아이들은 어른들이 그 말 다음으로 반드시 하시는

"두꺼비 밟지 않게 조심하렴!"

이라는 말로 대답을 대신하곤 한다.

서열에 따라 잠자리가 배정된다. 서열이 가장 낮은 아이들은 목욕실 삼나무 평상에서 침낭에 들어가 자게 된다. 보기와 달리 목욕실은 사우나에서 쓰는 온수 탱크가 있는 곳이라 사실은 잠자리로 제일 좋은 곳이다. 그래서 제법 큰 녀석들도 그 자리를 넘보곤 하지만, 어린아이 둘 이상은 잘 수 없을 만큼 자리도 좁을 뿐더러, 어린애들의 코고는 소리를 감수하면서까지 그 자리를 탐내지는 않는다. 게다가 여기서 자는 아이들은 우리에게 신과 같은 존재인 손전등도 갖게 된다. 그리고 비누향이 가득해 냄새도 제일 좋은 곳이 바로 여기다.

날씨가 추울 때는 목욕실이 좋다. 그러나 가장 쉽고, 신나며, 자신의 힘을 뽐낼 수도 있는 목욕 방식으로는 호숫물에 풍덩 들어가는 것만 한 게 없다. 호수에서 목욕하기는 부두 끝에서 첨벙 뛰어 들거나 슬쩍 떠밀거나 하는 모험이 필요한 일종의 행사인 셈이다.

우리 부모님과 그 형제들은 우리 개구쟁이 무리를 통제하는 데는 선수들이시다. 우리가 눈치 채지 못하게 자기들끼리 규칙이나 약속을 정해 놓으셨기 때문에 우리는 그들을 '장군님'으로 불렀다. 장군님들은 따뜻하게 햇살이 비치는 날이면 아이들과 일일이 실랑이를 하는 대신, '온 가족 목욕일'을 선포하고 부엌 앞쪽 호수로 개구쟁이들을 몰아 넣으셨다. 부두를 중심으로 한쪽엔 남자아이들이, 다른 한쪽에선 여자아이들이 몸을 씻었다. 나이로 보아 괜한 부끄러움에 까탈을 부리는 다섯 살에서 열 살 사이의 아이들을 빼면 아무도 남의 눈 같은 것을 의식하지 않았다. 언젠가 크고 통통한 개구리 한 마리가 여자 쪽 부두에 나타났을 때였다. 그 녀석을 잡은 나는 잠수로 부두를 지나 오빠가 있는 곳까지 간 다음 그의 수영복 속에 개구리를 집어 넣은 적이 있다.

오빠는 호숫가 돌밭까지 따라오며 복수의 칼을 갈다가 결국 개구리를 내 서랍장 뒤로 던지는 것으로 분을 풀었다.

우리는 물에 뜨는 아이보리 비누를 즐겨 썼다. 하지만 비누를 모래밭에 떨어뜨리면 모래 알갱이가 붙어 못 쓰게 되기 때문에 조심해야 했다. 만약 모래에 떨궜다가는 그 대가를 톡톡히 치러야 했다. 해서 사내녀석들 쪽으로 비누를 던져야 할 때에는 될 수 있으면 깊은 물 쪽으로 던졌다. 그러면 호수가 삼키기 전에 누군가 얼른 헤엄을 쳐 비누를 건져 올려야 했다. 물론 비누 던지기는 한 여름의 일이다. 호수의 수면만 햇볕에 따뜻하게 데워지는 시기에는 샴푸로 머리를 감기에 딱 좋다. 이때

"비누 던져!"

하는 말은 바로 짬뽕 샴푸를 던지라는 뜻이다.

"아래로? 아님 위로 던질까?"

"뚜껑부터 잘 닫고, 내 머리통 맞히면 안 돼!"

언니는 이곳에 오면 해가 뜨나 비가 오나 매일같이 짧은
머리를 감는다. 차가운 호수에 머리를 담근 뒤 샴푸 거품을 낸다. 부
두 가장자리에서 그러고 있으면 제 엄마보다 키가 큰 조카아이
가 따뜻한 물을 한 주전자 가지고 와서 엄마의 머리 위로 붓
는다. 중간에 조카아이가 칼로 엄마 목을 베는 시늉을 하
는 부분만 빼면 참으로 짧고 간단한 머리감기가 아닐 수
없다. 동생인 나는 조카가 그러는 것을 한 번도 언니
에게 고자질한 적이 없다. 그런데 언니의 존엄성과
위엄을 배반하는 것을 못마땅해하는 누군가가 일러
바친 모양이다. 지금은 아주 짧게 잘랐지만 어렸을
때 언니는 우리 가족 중에서 제일 머리가 길었고,
그것을 무척이나 뽐내곤 했다.

고요의 니간

나는 여전히 머리를 기르고 있어 감은 머리를 말
리는 데 시간이 많이 걸린다. 햇볕에 머리를 말릴
수 있을 정도로 날이 따뜻하던가, 아니면 아주 추
워서 벽난로를 땔 때가 아니면 머리를 감지 않는다.
오늘은 큰 냄비 두 개로 물을 끓여 야외 탁자 위에서
머리를 감았다. 감은 머리를 큰 수건으로 감싸면서 큰
아이들이 근처에 없는 것을 다행으로 여겼다. 그 녀석들
이 있었으면 내게 달려들어 머리를 말려준다면서 수건을
힘껏 조였을 게 뻔하기 때문이다. 내가 눈을 감은 동안 뒤에
서 내 목을 칼로 치는 시늉도 당연히 했을 터이다.

할아버지와 아들 녀석은 여전히 널따란 침대에서 뒹굴고 있다. 손자

에게 짧은 이야기책을 읽어 주시던 할아버지는 다시 잠이 드셨다. 다섯 살 어린 녀석은 할아버지 품에서 벗어나 만화책으로 간다. 할아버지께서 하도 여러 번 읽어 준 것들이라 녀석은 글도 모르면서 그림만 보고도 내용을 다 알아차린다.

나는 작은 매트를 부둣가 양지바른 쪽으로 끌고 나갔다. 나는 줄곧 열심히 일했으므로, 머리를 말리는 동안 고요함을 즐기는 정도의 휴식은 가질 자격이 있었다. 집 안으로 들어가 잠든 할아버지 손에서 책을 치워 드렸다. 그 책은 얼마 전 할아버지가 옷장 맨 위칸, 베개가 잔뜩 쌓여 있던 곳에서 찾았다.

"아이고, 이 친구 본 지가 언제냐? 삼십 년도 넘었는데…."

할아버지는 반가운 친구를 만난듯 좋아하셨지만, 사실 그 책을 잘 둔답시고 그곳에 올려 놓고 삼십오 년이 지나도록 까맣게 잊은 범인이 나였기에 몸둘 바를 몰랐다.

나는 햇볕을 쬐며 드러누워 모파상의 「비계 덩어리」를 펼쳤다. 내가 가장 좋아하는 이 책은 어디를 펼치면 어떤 내용이 있는지도 알 정도다. 어른이 된 지금 읽으니 더욱 맛이 새로웠다.

막 책을 읽기 시작했을 때 한쪽 눈에 뭔가 스치고 지나갔다. 바로 거기, 잠자리 오두막 앞에 몸집이 큰 순록 암컷 한 마리가 서 있었다. 나를 유심히 바라보는 것 같았다. 다른 섬으로 헤엄쳐 가겠지 하고 생각했는데 그게 아니었다. 풀을 씹으며 나를 향해 호숫가를 따라 걸어 오고 있는 것이 아닌가. 나는 늘어뜨렸던 팔을 약간 들어 올리며 긴장했다. 순록은 오두막 사이로 난 길을 따라 숲 쪽으로 다가오면서 부엌 창가를 지날 때 잠깐 나를 바라보더니 옥외 화장실로 난 길을 따라 숲으로 사라졌다.

잠깐 책에 집중하고 있는데 다른 쪽 눈에 또 뭔가 보인다 싶었다. 고개를 들어보니 물가에서 그 순록이 나를 뚫어져라 돌아다 보더니 다시 숲으로 사라지는 것이었다.

몇 분이나 지났을까 이번엔 오른쪽에 다시 나타났고 잠시 후에는 왼쪽에서 또 나타났다.

이것이 삼십 분이나 계속됐다. 무엇 때문에 그러는지 궁금해졌다. 요 며칠 그 순록은 화장실 가다 마주치기도 했고, 저녁 먹다가 창 밖에 있는 그 녀석과 눈이 마주치기도 하는 등 우리 근처에서 어슬렁거리고 있었다. 그래서 나는 집 안으로 들어갔다. 근처에 그 녀석이 볼일이 있는 것을 내가 방해하고 있는 것은 아닌가 하는 생각에서였다.

나는 모파상 읽기를 포기하고 집안 일을 하면서 창 밖으로 그 호기심 많은 친구를 지켜보기로 했다. 그 녀석은 다시 돌아와 부엌 창에서 조금 떨어진 곳의 풀을 뜯어 먹었다. 바람이 없는 곳이라 그 순록이 이곳을 좋아한다는 것을 알고 있다. 어느 해에는 이 집 한쪽에다 새끼를 낳기도 했다. 할아버지께서는 순록 새끼를 보고 기뻐하시면서도 한편으로는 심란해하셨다. 어미 순록이 이곳에서 편하게 제 새끼를 낳고 돌보는 것은 반가운 일이었지만, 몸을 풀고 나서 날카로워진 순록을 자극하지나 않을까 걱정스러워 며칠 동안 라디오 듣기를 단념하셔야 했기 때문이다.

"할아버지, 일어나 보세요."

나는 낮은 소리로 할아버지를 깨웠다. 우리는 순록이 오솔길과 숲속을 돌아다니는 것을 지켜보았다. 아들녀석이 자기도 잘 봐야겠다며

방에 있던 의자를 창가로 끌고 오면서 시끄러운 소리를 냈다.

"쉬잇! 조용히 해. 놀라서 달아난단 말이야!"

내가 잔뜩 힘이 들어간 낮은 목소리로 아이를 나무랐다. 하지만 낮잠을 놓쳐 잠투정이 난 다섯 살 꼬마를 윽박지른 것이 실수였다. 아들 녀석은 소리를 지르기 시작했고 우리가 소리를 낮출수록 녀석은 소리를 더 질러댔다.

그런데 이 소동이 오히려 순록의 흥미를 끌었던 모양이다. 대체 어떤 동물이 이런 시끄러운 소리를 내나 보려는 듯 순록이 가던 길을 돌아 현관으로 다가와 문으로 머리를 들이밀 때까지는 그래도 좋았다. 순록이 코를 벌름거리며 집안의 냄새를 맡는 것을 보며 우리는 낄낄거렸다. 그런데 그때 문틀에 녀석의 뿔이 끼고 말았다. 마치 '흠, 그 이상한 소리는 저 동물들이 낸 것이로군…' 하며 호기심을 만족시킨 녀석이 돌아가려는데 '철컥!', 다시 머리를 조금 비틀어 빠져 나가려는데 다시 '철컥!'. 단단히 걸린 것이다.

처음에 대수롭지 않게 여긴 이유는 순록이 낀 뿔을 빼는 데 익숙하다고 알고 있었기 때문이다. 그리고 순록은 우리 집과 별채 뒤 숲을 오가면서도 나뭇가지 밟는 소리도 내지 않을 만큼 조용한 동물이다. 하지만 나는 문제가 심각해지고 있음을 이내 알아차렸다. 이 순록의 다음 작전은 우리 방을 향해 전진하려는 것이었다. 뒤로 빠지지 않는다면 들어오겠다는 뜻이었다. 우리가 사는 모습을 하나하나 뜯어보면서 녀석은 느릿느릿 조금씩 방 안쪽으로 밀고 들어왔다. 한 칸짜리 좁은 집안에서 녀석이 머리를 이리저리 돌릴 때마다 나는 그저 뿔이 접시 선반이나 난로 위의 물동이를 치지 않는 것을 고마워할 따름이었다.

뿔이 싱크대 위에 걸린 행주를 스치기는 했지만 부드러운 천은 그대로 줄에 걸려 있었다. 그런데 결코 낙관할 일이 아니라는 것을 이내 알게 되었다. 우리 머리 위에 온갖 잡동사니가 이리저리 잔뜩 걸려 있다는 것에 생각이 미치자 큰일났다 싶었다. 그것들이 부딪치며 갑작스러운 소음을 내 순록을 놀라게 만들고, 그 바람에 녀석이 온 방안을 휘젓기라도 한다면 끔찍한 일이 아닐 수 없었다.

매트리스 위에 앉아 벽에 등을 대고 무릎을 꿇은 채 우리는 두려움으로 얼어붙어 버렸다. 내 뒤통수에 할아버지의 라디오가 닿자 제발 그것이 꺼져 있어 소리를 내지 않기를 기도했다. 아들녀석이 몸을 흔들거나 소리를 지를까 봐 걱정이었지만, 사태의 심각성을 알아차렸는지 우리처럼 꼼짝하지 않았다. 그런데도 나는 아이의 입을 틀어막고 있는 손을 풀어 주기가 두려웠다. 내 손가락 사이로 아이가 짧게 헉헉대는 숨소리가 느껴졌다. 겁에 질려 고개조차 돌릴 수 없었지만 할아버지 안경에서 반사되는 빛을 보았다. 할아버지께서 용감하게 나서지 않고 가만히 계신 것이 천만다행으로 느껴졌다.

순록이 사슴보다는 크고 무스보다는 작은데도 부엌이 꽉 찼다. 녀석이 내뿜는 후끈한 콧김이 얼마나 멀리까지 뻗치는지를 알고 깜짝 놀랐다. 녀석의 콧김이 내 얼굴까지 날아왔을 때 얼마나 겁이 났던지 눈도 깜짝 못했다. 이제 그 녀석이 우리를 향해 곧장 걸어왔다. 나는 모든 것을 놓치지 않고 머리에 입력했다. 순록의 목 주름에 난 길고 하얀 수염, 주둥이 같은 코의 반점들, 개들처럼 눈꺼풀이 덮여 있는 것…. 그런데 참, 우리 개는 어디 있는 거지?

반대편으로 난 열린 문 쪽으로 고개를 돌리고 서서히 돌아서는 순록의 커다란 눈에 잔뜩 겁에 질려 얼어붙은 우리의 모습이 반사됐다. 그 녀석이 어슬렁어슬렁 문 쪽으로 걸어 가는 것을 보면서 마음속으로 빌었다.

"제발, 이번엔 걸리지 말아야 할 텐데…."

마룻바닥 위를 걷는 순록의 커다란 발굽에서는 소 방울 소리가 울렸다. 두 번의 시도. 녀석이 문 밖으로 나가는 데 두 번의 시도가 필요했다. 고개를 숙인 채 뿔을 약간 기울여 나가려다 뒤로 한 걸음 물러 섰다 다시 한번 시도했다.

순록의 바위만한 엉덩이와 커다란 발이 문을 안전하게 빠져 나간 뒤에도 우리는 한동안 숨을 제대로 쉬지 못했다. 순록이 잠깐 멈춰 서서 문 밖의 시멘트 바닥에 오줌을 쌀 때서야 근육이 약간 풀어지는 느낌이 들었다. 정말 큰일 날 뻔했다. 우리는 문간에 서서 문 밖에 깔아 놓은 매트에 몇 방울 튀어 있는 순록의 오줌 방울과 함께 순록의 뒷모습을 보았다. 그 녀석은 야외 탁자 위 먹다 만 사과에 코를 갖다 대더니 그냥 두고 이번엔 빨랫줄에 걸린 행주를 한 번 씹었다.

순록은 이제 보트창고로 걸어가 열린 문으로 머리를 디밀었다.

"오, 제발, 또 들어가지는 말아 다오!"

할아버지가 웃으셨다. 순록은 머리를 약간 기울여 이번에는 걸리지 않고 뿔을 빼냈다. 다시 화장실 앞에 잠깐 멈추어 주둥이를 들이밀었다 뺐는데 화장지가 너풀너풀 딸려 나왔다. 녀석은 그것을 씹어 삼켰다. 그러고 나서야 순록은 오솔길을 따라 전나무와 소나무가 빽빽한 숲으로 연기처럼 사라졌다.

침대 끝에 걸터앉은 채 나는 너무 오래 긴장하고 아드레날린이 쏟아지는 바람에 일어난 후유증을 털어내고 있었다. 그때까지도 나는 아들을 꼭 끌어안은 팔을 풀지 못했다.

"대단한 우리 멍멍이! 어디 있니?"

내가 부드럽게 부르자 개가 침대 아래서 졸린 얼굴로 기어 나왔다. 그러다 화들짝 잠에서 깨어 나며 부엌 바닥에 난 낯선 발자국 냄새를 맡느라 킁킁대기 시작했다.

할아버지가 물으신다.

"그래, 오늘은 뭘 했니?"

"모파상을 읽으려던 참이었는데⋯."

"난 꼬마 아니야, 그렇게 부르지 말란 말이야!"

아들녀석이 침대 위에서 겅중거리며 악악댔다. (모파상의 이름 '기 드 모파상'에서 '기(Guy)'와 오지브웨이 말로 꼬마를 뜻하는 '기(Guee)'가 발음상 유사한 것 때문 / 역주)

알았다, 알았어! 다시 일상으로 돌아가 다음 할일이 뭐더라?

아 참, 순록 오줌이 마르기 전에 현관 메트부터 빨아야지.

실수 투성이인 우리의 스승, 마나부주의 업적을 꼽아 보면 의외로 많다. 영혼의 아들답게 강력한 힘을 지녔으면서도, 어머니가 사람이어서인지 판단력에 가끔 문제가 있던 마나부주는 많은 이야기와 우스갯소리의 주인공이면서도 우리의 존경을 한몸에 받고 있다.

오늘, 할아버지는 거인 마나부주가 편히 쉬고 있는 연안 지역으로 우리를 데리고 가셨다. 거대한 호수의 피난처 사이에서 그가 쉬고 있다. 절벽을 따라 돌출된

할아버지와 마나부주

바위의 북쪽 끝까지 배를 타고 가니 마나부주가 호수의 수평선을 배경으로 선명하게 그 윤곽을 드러냈다. 무슨 엄청난 과업을 방금 마치고 숨을 고르기라도 하듯 머리를 뒤로 젖힌 모습이다. 조그만 엔진이 달린 우리 배가 지나가자 그의 주먹과 늘어뜨린 두 발 주위로 잔물결이 일었다.

마나부주 상은 눈 앞에 마주칠 때까지는 잘 보이지 않는 독초로 둘러싸여 있고, 때때로 큰 소용돌이가 난데없이 일어 아무나 쉽게 접근하지 못한다. 마나부주가 이곳에서 안식을 취할 수 있도록 보호하는 것이 슈피리어 호수가 해야 하는 일이다. 그를 키운 할머니는 이미 오래 전에 돌아가셨으므로 마나부주를 돌봐줄 힘을 가진 사람이 주변에 없다. 그래서 호수가 바람을 일으키고 잔인한 시련을 주어도 우리가 용서해야 하는 것이다. 게다가 '거대한 서풍'은 그의 부친이 아니던가?

마나부주가 잠든 때 감히 방문하는 사람은 흔치 않다. 하지만 우리는 가족이고 바람의 신도 우리의 방문을 허락해 주었다. 할아버지는 작은 배를 암석 지대의 눈에 익은 곳으로 항해했고 우리가 내린 다음에는 바위의 튀어나온 부분에 매어 둔다.

우리는 마나부주의 거대한 머리 뒤를 타고 올라가 운동장 같은 이마에 자리를 잡고 앉는다. 나는 그의 머리에서 자라고 있는 잡초와 어린 삼나무를 쓸어 본다.

"마나부주, 너무 오래 잠을 자는 바람에 머리가 엉망이에요."

하기야 마나부주는 머리칼 따위에는 관심도 없었다지….

바람을 막아 줄 섬이나 반도도 하나 없이 활짝 열린 물길이 끊기지 않고 가장 길게 펼쳐진 호수를 바라본다. 바로 여기서 마나부주는 형제들에게 그 먼 호숫길을 건너갈 수 있음을 보여 주려고 도약을 했다. 할아버지와 나는 다섯 살배기 아이에게 마나부주의 이야기를 들려주기 시작했다. 여기서 바위가 되어 조용히 잠들기 전에 그가 했던 모험과 실수와 성공, 그 모든 것에 대한 이야기를 말이다.

"어째서 나는 한 번도 마나부주가 움직이는 걸 본 적이 없지?"

다섯 살 아들이 묻는다.

"볼 수 있을 거야. 참고 기다리렴."

"바위가 되기 전에 그를 본 적 있어요?"

"물론, 여러 번 봤지. 마나부주는 동물이나 다른 것으로 언제든 변할 수가 있단다. 그러니 어떻게 그를 알아보는지를 배워야 한단다."

"언제쯤이나 그를 알아볼 수 있게 되는데요?"

"크면서 조금씩 알 수 있게 되겠지."

"난 한 번도 그가 움직이는 걸 본 적 없어. 왜 그는 바위가 되어 저렇게 오랫동안 머리에 나무를 키우고 있는 거예요?"

대답이 궁색해졌다. 나는 괜히 손을 내려다 보며 안절부절못한다.

"어떤 사람들은 마나부주가 호수의 사람들에게 있었던 일 때문에 마음이 상했기 때문에 바위로 변해 저렇게 있다고 하더구나."

"호수의 사람들이 누군데요?"

"바로 우리란다. 우리 같은 사람들."

"우리한테 무슨 나쁜 일이 있었는데요?"

"아무것도 아니야, 걱정할 것 없단다. 넌 우리가 지켜줄 테니까."

"언제까지 바위로 있을까요? 다시 움직이게 될까요?"

"움직인다니까. 언제나 움직이고 언제나 일을 하고 있단다. 마나부주는 우리를 위해 언제나 여기 있을 거야."

할아버지는 화제를 바꾸어 다른 이야기를 시작하셨다. 구체적으로 말하면 순록을 타고 호수를 건너가던 때의 이야기다. 그때 할아버지는 순록의 길고 흰 목주름을 붙잡고 있었는데, 녀석이 앞발굽으로 물 밑바닥을 치자 몸이 뒤로 쏠리면서 내동댕이쳐졌다. 그 바람에 생긴 이마의 상처를 할아버지께서는 안경을 벗고 보여 주셨다. 떨어지면서 순록의 뒷발굽에 살짝 스친 것이다.

오늘처럼 그날도 물은 잠잠했는데 할아버지가 독수리처럼 날아 순록 등에 다시 오르는 동안 헤엄치는 순록 옆으로 모터 보트를 타고 가던 큰할아버지는 배를 멈추었다. 이 장면은 쉽게 그려 볼 수 있다. 순록은 물에서 높이 오르며 헤엄을 치기 때문에 순식간에 나가떨어진 할아버지는 얼마나 황당하셨을까. 할아버지도 마나부주처럼 수많은 이야기와 재담에 주인공으로 등장하시고 존경도 한몸에 받고 계신다.

그 순록 위에 올라탔다는 것이 놀라운 일이긴 하지만 참으로 무모한 행동이었다는 말을 우리 중 누구도 감히 할아버지께 한 적이 없다. 그런데도 내 얼굴에 그렇게 쓰여 있는지 할아버지는 겸연쩍은 태도로

"어려서 철이 없었다."

라고 말씀하신다. 그러고는 열심히 노를 저어 연안을 지나 호수를 건너간다.

"모든 것이 우리 것이었고 자유가 끝나리라고는 생각해 본 적이 없어. 지금 같아선 생각할 수도 없는 일을 전부 다 해봤으니까."

다섯 살 아이도 두려움이 사라지고 용맹스러운 경험을 자신하는 얼굴을 하고 있다.

찬찬히 살피니 아이는 무엇인가 잘못 알아들은 것이 틀림없다. 할아버지는 순록을 타고 섬 사이의 좁은 해협을 건넜을 뿐인데 아이는 제 눈으로는 끝도 가늠이 안 되는 이 광활하고 긴 슈피리어 호수를 할아버지가 순록을 타고 건너가신 걸로 생각하는 것이다.

할아비지와 내가 세상을 뜨고 세월이 한참 지난 후 이 아이는 자신의 증조할아버지가 순록의 등을 타고 이렇게나 넓고 넓은 슈피리어 호수를 건너간 분이라 얘기할 것이다. 그러면 할아버지를 모르는 그 사람들은 자신들이 어린시절에 얻어 들었던 아련한 이야기와 마나부주의 신화를 놓고 혼돈스러워하겠지. 그래서 이야기는 끝없이 계속될 것이고….

나는 아이의 머리꼭지에 입을 맞추고 짧은 머리에 코를 묻고 솜사탕 같은 내음을 깊게 들이마신다.

'마나부주는 곧 다시 움직일 거야. 내가 보장할게.'

옮긴이 손영희는 1979년 이화여대 사범대 심리학과를 졸업했으며 한국번역가 협회 회원으로 영화, 방송물, 책 등을 번역하면서 현재 미국에 거주하고 있다.

이야기꾼

디바지모

지은이 / 로이스 비어즐리
옮긴이 / 손영희
펴낸이 / 장말희
펴낸곳 / 도서출판 장락
편집 · 표지 디자인 / 김용정

초판인쇄 / 2005년 2월 19일
초판발행 / 2005년 2월 21일

등록일 / 1991년 7월 25일   등록번호 / 제21-251호

주소 / 110-350 서울시 종로구 운니동 65-1 월드오피스텔 1103호
전화 / 02) 3673-0315~6 팩스 / 02) 3673-0317

값 / 8,000원
ISBN 89-85262-97-1 03910

잘못된 책은 바꾸어 드립니다.
저자와의 협약 아래 인지는 생략합니다.